AF634735

Erpenbeck | Heimsuchung

Lektüreschlüssel XL

für Schülerinnen und Schüler

Jenny Erpenbeck

Heimsuchung

Von Swantje Ehlers

Reclam

Dieser Lektüreschlüssel bezieht sich auf folgende Textausgabe:
Jenny Erpenbeck: *Heimsuchung. Roman.* Ditzingen: Reclam, 2024. (Universal-Bibliothek. 14388.) [Zitiert als: R.]
Jenny Erpenbeck *Heimsuchung. Roman.* München: Penguin, 2018. [Zitiert als: P.]

Der Verlag behält sich die Verwertung der urheberrechtlich geschützten Inhalte dieses Werkes für Zwecke des Text- und Data-Minings nach § 44b UrhG ausdrücklich vor. Jegliche unbefugte Nutzung ist ausgeschlossen.

Lektüreschlüssel XL | Nr. 15554
2024 Philipp Reclam jun. Verlag GmbH,
Siemensstraße 32, 71254 Ditzingen
info@reclam.de
Druck und Bindung: Elanders Waiblingen GmbH,
Anton-Schmidt-Straße 15, 71332 Waiblingen
Printed in Germany 2025
RECLAM ist eine eingetragene Marke
der Philipp Reclam jun. GmbH & Co. KG, Stuttgart
ISBN 978-3-15-015554-7
reclam.de

Inhalt

1. Schnelleinstieg

Autorin	Jenny Erpenbeck, geboren am 12. 3. 1967 in Ost-Berlin
Erscheinungsjahr	2007
Gattung	Roman
Erzählaufbau	Rahmen bestehend aus: Prolog, Epilog Zwei Erzählstränge strukturiert in: 11 Hauptkapitel, 11 Abschnitte
Adaptionen	eine Bühnenfassung ein Hörspiel

Im Zentrum des Romans steht ein Sommerhaus mit dazugehörigem Grundstück am Scharmützelsee und die Geschichten seiner Bewohner und Besucher, deren Leben von historischen und politischen Ereignissen des 20. Jahrhunderts bestimmt ist und sie von heimatlichen Orten vertreibt und in den Tod führt.

Ausgangspunkt der Geschehnisse ist die Aufteilung und der anschließende Verkauf eines Waldgrundstücks des Großbauern Wurrach an drei Personen: einen Berliner Architekten, einen jüdischen Tuchfabrikanten aus Guben und einen Kaffee- und Teeimporteur aus Frankfurt. Der Berliner Architekt macht während der NS-Zeit Karriere und baut 1936 auf seinem Grundstück für sich und seine künftige Frau ein Wochenendhaus.

■ Waldgrundstück

Angesichts der Judenverfolgung im Nationalsozialismus sieht sich der jüdische Tuchfabrikant gezwungen, ins Ausland zu gehen. Um die Ausreise zu finan-

■ Nationalsozialismus

zieren, verkauft er sein Grundstück unter Wert an den Architekten. Sein Sohn Ludwig emigriert mit seiner Frau nach Südafrika. Der Tuchfabrikant, seine Ehefrau, seine Tochter und seine Enkelin Doris werden deportiert und ermordet.

Zweiter Weltkrieg

Gegen Ende des Zweiten Weltkrieges besetzen russische Soldaten das Haus. Ein junger Major entdeckt die im Wandschrank versteckte Frau des Architekten und zwischen ihnen entwickelt sich ein gewaltsamer sexueller Akt.

DDR

Nach dem Krieg macht der Architekt in der DDR erneut Karriere. Nachdem er einen Fehler begangen hat und ihm fünf Jahre Haft drohen, flüchtet er 1951 in den Westen. Neue Bewohner des Hauses sind eine aus dem sowjetischen Exil zurückgekehrte Schriftstellerin und ihr Mann, die zur Aufbaugeneration der DDR gehören.

Vereinigtes Deutschland

Nach der deutschen Wiedervereinigung melden sich die Erben der Frau des Architekten aus dem Westen und stellen rechtliche Ansprüche an das Haus. Die Enkelin der Schriftstellerin muss das Haus räumen. Ein Investor erwirbt das Haus und lässt es am Ende abreißen.

Der Gärtner

Elf Abschnitte handeln vom Gärtner, der sich schweigsam um den Garten kümmert und ihn im Rhythmus der Jahreszeiten bearbeitet. Niemand weiß, woher er kommt und wohin er eines Tages verschwindet.

Erzählrahmen

Eröffnet wird der Roman mit einem Prolog (Vorwort), in dem das Entstehen der märkischen Seen seit der Eiszeit beschrieben wird. Im abschließenden Epilog (Nachwort) wird der Abriss des Hauses geschildert.

Fiktion und Tatsachen

Die Autorin hat für diesen Roman aufwendige Recherchen zum Schicksal der jüdischen Familie und des 12-jährigen Mädchens, Doris Kaplan, die tatsächlich gelebt haben und im Gaswagen bzw. im KZ Treblinka ermordet wurden, durchgeführt.[1] Enge biografische Bezüge bestehen zu ihrer eigenen Großmutter Hedda Zinner, die 1945 mit ihrem Mann aus dem sowjetischen Exil nach Berlin zurückkehrte und später ein Haus am Scharmützelsee besaß.

1 Vgl. Jenny Erpenbeck, »Über das 5. Kapitel des Romans *Heimsuchung*«, in: *Über Grenzen. Texte und Lektüren der deutschsprachigen Gegenwartsliteratur*, hrsg. von Stephanie Catanie und Friedhelm Marx, Göttingen 2015, S. 13–30.

2. Inhaltsangabe

Erzählt werden die Lebensgeschichten mehrerer Figuren, die zu unterschiedlichen Zeiten das Wochenendhaus und Grundstück am Scharmützelsee bewohnen, besuchen und besetzen. Ihr Schicksal ist eng mit der Geschichte des 20. Jahrhunderts verknüpft: Nationalsozialismus, Zweiter Weltkrieg, DDR und vereinigtes Deutschland.

Prolog/ Epilog

Eröffnet wird der Roman mit einem kurzen Abriss der Entstehung der märkischen Landschaft während der Eiszeit, ihrer Morphologie und den eiszeitlich geformten Seen in Brandenburg südöstlich von Berlin. Der Roman endet mit dem Abriss des Sommerhauses.

Großbauer Wurrach

Das erste Kapitel handelt vom Großbauern Wurrach und seinen vier Töchtern, deren Leben von einer patriarchalischen Welt geprägt ist und die fest in eine dörfliche Gemeinschaft voller Aberglauben und Rituale eingebunden sind. Die Erbfolge für den Hof, der seit dem 17. Jahrhundert der Familie gehört, ist nicht gesichert, da die Töchter des Großbauern unverheiratet bleiben und er keinen Sohn hat. Seine jüngste Tochter Klara gilt als schwachsinnig, wird entmündigt und begeht schließlich Selbstmord. Der Großbauer teilt das am See gelegene Waldgrundstück von Klara in drei Parzellen auf und verkauft sie in den 1930er Jahren an einen Kaffee-/Teeimporteur aus

Frankfurt, einen jüdischen Tuchfabrikanten aus Guben und einen Berliner Architekten. Damit endet die Geschichte des Großbauern.

Der Architekt

Der Berliner Architekt baut 1936 für sich und seine Verlobte auf dem Grundstück ein Reetdachhaus und legt einen Garten an. 1939 erwirbt er das Grundstück des jüdischen Tuchfabrikanten, der mit seiner Familie aus dem nationalsozialistischen Deutschland ins Ausland emigrieren muss und dafür Geld braucht, für die Hälfte seines Wertes. Er rechtfertigt sich damit, dass der Tuchfabrikant mit dem Erlös seine Ausreise finanzieren könne. Der Architekt hat sich von seiner ersten Frau getrennt. Mit seiner zweiten Frau verbringt er die Wochenenden und Sommermonate in dem Haus.

Im Ersten Weltkrieg hat der Architekt an der Westfront mitgekämpft und einen Absturz über Flandern überlebt. Im Nationalsozialismus hat er Karriere gemacht und im Projekt Germania von Albert Speer, der Generalbauinspektor für die Reichshauptstadt und ab 1942 Rüstungsminister war, mitgearbeitet. Vor dem Hintergrund der Nürnberger Gesetze von 1935 (siehe Kapitel 12 »Zentrale Begriffe«) und der ihnen zugrunde liegenden Rassenideologie, die der Ausgrenzung insbesondere von Juden diente und nur den als ›deutsch‹ anerkannte, der eine arische Abstammung nachweisen konnte, verleugnet er seine jüdische Urgroßmutter,

NS-Karriere

um in die Reichskulturkammer aufgenommen zu werden.

Nach Kriegsende bleibt der Architekt in der Ostzone, wie die sowjetische Besatzungszone nach 1945 genannt wurde. Er konnte wegen eines Ablehnungsschreibens des Nationalsozialisten Albert Speer sein Unternehmen retten und erhielt später sogar den Auftrag für einen Bau in der Friedrichstraße in Ostberlin. Als er für diesen Bau eine Tonne Schrauben im Westen kauft, verstößt er gegen in der DDR geltendes Recht und ihm drohen fünf Jahre Haft und die Enteignung. Er geht daraufhin 1951 nach Westberlin.

■ Flucht in den Westen

Die Frau des Architekten

Das Haus hat der Architekt nach den Wünschen seiner Frau eingerichtet. Nach dem Fall der Reichshauptstadt im Zweiten Weltkrieg und der Schlacht bei den Seelower Höhen (16.–19. April 1945) rücken die Russen vor und besetzen das Haus. Die Frau des Architekten hat sich mit Vorräten im Wandschrank versteckt, wird jedoch von einem jungen Rotarmisten entdeckt. Zwischen ihnen entwickelt sich ein sexueller Gewaltakt, bei dem offen bleibt, wer Täter und Opfer ist.

Der jüdische Tuchfabrikant

Der Tuchfabrikant und seine Familie bepflanzen den Garten ihres Seegrundstücks und bauen darauf einen Steg zum See und ein Badehaus. 1936 wandert der Sohn

Ludwig mit seiner künftigen Frau Anna nach Südafrika aus und baut sich dort ein neues Leben auf. Weihnachten 1937 besuchen ihn seine Eltern und seine Schwester Elisabeth mit ihrem Mann und ihrer Tochter Doris. Die Eltern fahren nach zwei Wochen zurück nach Guben. 1939 bemühen sie sich um eine Ausreise und verkaufen das Grundstück an den Berliner Architekten, um Geld für die Emigration zu haben. Der Erlös kommt auf ein Sperrkonto. Als ihre Pässe da sind, kann das Geld jedoch nicht mehr an die Schifffahrtsgesellschaft überwiesen werden. Die Eltern werden von Berlin-Moabit aus deportiert und 1942 in einem Gaswagen umgebracht. Zwei Monate später wird ihr Vermögen eingezogen und fällt an das Deutsche Reich.

Das Mädchen

Ludwigs Schwester Elisabeth und ihr Mann wollen nach Brasilien auswandern und lösen ihre Wohnung in Guben auf. Sie schicken ihre Tochter, die in der Schule wegen ihrer jüdischen Herkunft gehänselt wird, zu ihrer Tante nach Berlin. Der Vater wird zur Zwangsarbeit beim Autobahnbau einberufen und stirbt an Fleckfieber. Elisabeth und ihre zwölfjährige Tochter werden am Ostermontag 1942 ins Warschauer Ghetto deportiert. Während die anderen in ein Vernichtungslager gebracht werden, kann sich das Mädchen in einer Kammer im Haus verstecken. Sie wird schließlich von deutschen Soldaten gefunden, deportiert und im KZ Treblinka erschossen.

Der Rotarmist

Der Major der russischen Soldaten, die das Haus besetzen, ist erst siebzehn Jahre alt. Während des Russlandfeldzuges haben deutsche Soldaten seine Eltern, seine ältere Schwester und seine vierjährige Schwester getötet. Daraufhin hat er sich freiwillig zum Kriegseinsatz gemeldet und durch seinen Einsatz früh Karriere gemacht. Er entdeckt die versteckte Frau des Architekten und zwischen ihnen entsteht ein sexueller Akt, der voll Aggression und Gewalt von beiden Seiten ist.

Die Schriftstellerin

Die kommunistische Schriftstellerin und ihr Mann waren 1933 nach Prag und von dort nach Moskau emigriert. Der Unterdrückungsapparat der stalinistischen Sowjetunion (SU) führte zur Verfolgung und Verbannung von Menschen in sibirische Straf-/Arbeitslager. Als die Schriftstellerin und ihr Mann nach Nowosibirsk gehen sollten, hat ein Dichter, der jetzt ebenfalls ein Haus am See bewohnt, sie versteckt und ihnen vermutlich damit das Leben gerettet. Später sind sie nach Ufa im Osten des europäischen Russlands umgezogen (R 109 | P 114). Die Schriftstellerin hat dort Radiosendungen geschrieben, die von den Genossen zensiert wurden. Nach Kriegsende ist sie mit ihrem Mann und Sohn aus dem Exil zurückgekehrt und hat das Haus am See, das inzwischen Volkseigentum der DDR geworden ist, von der Gemeinde gepachtet. Inzwischen leben sie seit zwanzig Jahren in dem Haus. Sie schreibt an einem Buch und sortiert dafür ihre Erinnerungen.

Ein Berliner Arzt, der zur neuen Führungselite der DDR gehört, hat das Grundstück des Frankfurter Kaffee-/Teeimporteurs erworben und den Obstgarten und das Bienenhaus von der Schriftstellerin gepachtet. Entgegen ihrer Absprache lässt er die Bäume fällen und das Bienenhaus abreißen und baut dort ein Wohnhaus, obwohl das offiziell nicht erlaubt war. Er wurde von höheren Beamten protegiert. Die Schriftstellerin ist darüber empört. Ihr Antrag, das Haus käuflich zu erwerben, wird bewilligt, nur das Grundstück bleibt Volkseigentum. Nach dem Tod der Schriftstellerin wird ihr Sohn Eigentümer des Hauses.

■ DDR-Privilegien

Die Besucherin

Die Besucherin besaß früher einen Hof an den masurischen Seen in Ostpreußen. Ihr ukrainischer Mann, den sie gegen den Willen ihrer Mutter geheiratet hat, wartete die Maschinen der Bauern und verlor bei einer Reparatur vier Finger. Er starb mit Anfang vierzig. Sie hatten eine Tochter und drei Enkelkinder.

Als der Krieg ausbrach und ihre Tochter vom Arbeitseinsatz nicht mehr zurückkam, flüchtete sie mit ihren drei Enkelkindern, ging dann wieder zurück in der Hoffnung, ihre Tochter würde doch noch zum Hof zurückkehren und sie dort finden. Da der Hof in-

■ Flucht

zwischen von Polen in Besitz genommen worden war, musste sie dort als Magd arbeiten. Doch ihre Tochter kehrte nicht zurück und die Frau machte sich mit ihren drei Enkelkindern erneut auf die Flucht, dieses Mal nach Berlin. Ihre jüngste Enkelin hat den Sohn der Hausherrin geheiratet und sie verbringen in diesem Haus seit fünf Jahren die Sommer.

Die Unterpächter

Ein Ehepaar aus der nahen Kreisstadt hat die Werkstatt am Wasser gepachtet. Dort verbringt das Paar die Wochenenden. Als Sechzehnjähriger wollte der Mann mit einem Freund aus der DDR in den Westen fliehen, doch die Flucht scheiterte. Sein Freund kam auf der Flucht ums Leben und er ins Gefängnis. Nach seiner Entlassung heiratete er seine jetzige Frau. Zur Läuterung musste er in einer Möbelfabrik arbeiten und blieb dort als Arbeiter bis heute, wo er kurz vor der Rente steht. Seine Frau hat erfahren, dass sie in Wirklichkeit ein Flüchtlingskind ist und noch eine Schwester hat, die in einer anderen Familie aufgewachsen ist. Ihr vermeintlicher Vater ist nur ihr Stiefvater. Vor einem halben Jahr wurde ihnen gekündigt, da das Uferstück wieder an die jüdische Parzelle von einst zurückgegangen ist.

Der Kinderfreund

Die Enkelin der Schriftstellerin war mit einem Nachbarsjungen befreundet, mit dem sie in den Sommerferien viel zusammen gespielt hat. Als sie ihm einen anderen Freund vorzog, war er sehr enttäuscht und hat sich von ihr zurückgezogen. Der Kinderfreund half ihr später bei vielen Arbeiten auf dem Grundstück, als der Gärtner zu alt dafür war und als sie das Haus leerräumen musste. Inzwischen ist er fünfzig Jahre alt. Für sein eigenes Haus haben frühere Besitzer einen Rückübertragungsantrag gestellt und er plant, später in die Kreisstadt zu ziehen.

Die unberechtigte Eigenbesitzerin

Nach der Wende sind die im Westen lebenden Erben der Frau des Architekten die eigentlichen Besitzer des Hauses. Sie haben einen Antrag auf Rückübertragung gestellt und sich mit der Enkelin der Schriftstellerin auf einen Ausgleich geeinigt. Nachdem das Haus mehrere Jahre leer stand, muss die Enkelin das inzwischen verkommene Haus räumen und reinigt es gründlich. Sie wohnt während der Zeit im Schrankzimmer, beobachtet mehrfach, wie die Maklerin mit Kundschaft durch das Haus und über das Grundstück geht. Am Ende verschließt sie alle Türen des Hauses und geht.

Der Gärtner

Die Herkunft des Gärtners ist unbekannt. Anfangs lebt er in einer Jagdhütte am Waldesrand, dann auf dem Grundstück und am Ende im Gästezimmer des Hauses. Bevor er Gärtner des Architekten wird, hat er den Bauern bei der Arbeit geholfen und beim Bau der ersten Ferienhäuser mitgearbeitet. Im Wechsel der Jahreszeiten wiederholen sich seine Tätigkeiten. Im Frühling legt er Blumenbeete an, im Sommer gießt er zweimal täglich die Rosen und Sträucher, im Herbst beschneidet er Büsche und im Winter die Äpfel- und Birnenbäume. Als er sich Jahre später das Bein bricht und keine schweren Arbeiten mehr durchführen kann, übernimmt der Sohn des Hauses einen Teil der Gartenarbeiten. Der Gärtner ist spurlos verschwunden, als die Enkelin das Haus leerräumen will (R 164 | P 170).

3. Figuren

Techniken der Figurencharakterisierung

Eine wichtige Quelle für Informationen über die Figuren sind die Überschriften der einzelnen Kapitel, die jeweils einer Figur gewidmet sind. Die Figuren werden nach ihrem sozialen Status und Beruf (Architekt, Tuchfabrikant, Schriftstellerin, Rotarmist, Gärtner, Großbauer), ihrem Verhältnis zum Haus am See als uneigentliche Eigenbesitzerin, Besucher und Unterpächter, durch familiäre und freundschaftliche Beziehungen (Frau des Architekten, Jugendfreund) und nach Alter (das Mädchen, Jugendfreund) gekennzeichnet.

■ Kapitelüberschriften

Außer dem Großbauern Wurrach und seinen Töchtern sowie der Familie des Tuchfabrikanten haben die Figuren keine Namen. Sie bleiben anonym und tragen kaum individuelle Züge, sondern sind durch die genannten sozialen Attribute und Rollen gekennzeichnet.

■ Namen

Die Figuren sind äußerlich nach Alter und Geschlecht unterschieden, über ihr Aussehen wird kaum etwas berichtet. Sie gehören drei Familien und mehreren Generationen an, deren Kontinuität jedoch mit Ausnahme von Ludwig und seiner Familie unterbrochen bzw. beendet wird, da sie keine Nachkommen haben. Alles Mentale, was die Figuren fühlen, was ihnen wichtig ist, woran sie hängen und glauben, wird durch ihre Gedanken mitgeteilt. Sie leben in einem

■ Figurenmerkmale

deutlichen Bezug zur eigenen Vergangenheit (siehe »Die Erinnerung« in Kapitel 6).

■ Figuren und Handlungen

Die Figuren sind nicht primär durch ihre Handlungen definiert, sondern durch ihre emotionale Bindung an und ihre Zugehörigkeit zu einem Ort. Sie agieren nicht als Akteure, die das Geschehen lenken, sondern sind umgekehrt Betroffene von historischen, politischen Ereignissen, die ihr Leben und Handeln bestimmen und sie in schicksalhafte Lebenszusammenhänge treiben.

■ Kultureller, geschichtlicher Kontext

Die Figuren stehen in einem kulturellen und geschichtlichen Kontext, der ihr Leben, ihre Weltsicht, Moral und ihre politisch-ideologische Haltung prägt (Kommunismus, Nationalsozialismus, Faschismus, Sozialismus).

Zu den einzelnen Figuren

■ Der Großbauer Wurrach

Der Großbaucher Wurrach: Der Hof des Großbauern Wurrach ist seit 1655 im Besitz der Familie. Der Großbauer lebt in einer dörflichen Region, in der das Leben strengen traditionellen Regeln folgt. Aus Standesbewusstsein und Dünkel vertreibt er den Mann, auf den sich seine Tochter Hedwig eingelassen hat, weil er nur Handwerker ist, und droht, ihn mit der Axt zu erschlagen (R 17 | P 19). Er tritt herrisch, gewalttätig und patriarchalisch auf und dominiert seine Töchter, die springen müssen, wenn er mit der Peitsche knallt (R 15 | P 17). Seine Brutalität und sein Machtanspruch werden deutlich, als er seine schwangere Tochter Hedwig einsperrt und sie ihr Kind verliert. Sein Titel als Ortsbauernführer verweist auf seine Nähe zum NS-Regime.

Der Berliner Architekt

Der Berliner Architekt: Für den Architekten ist sein Beruf sein Leben und er identifiziert sich mit dem Haus, das er gebaut hat. Politisch-ideologisch steht er dem Nationalsozialismus nahe. Er verleugnet sogar seine jüdische Urgroßmutter, um keine Nachteile zu haben, und beantwortet die Frage, ob er arischer Abstammung sei mit ›Ja‹. Diesem ›Ja‹, das ihm die Karriere sichert, steht das ›Nein‹ gegenüber, eine Alternative, die er nicht gewählt hat. Aber ihn plagt das schlechte Gewissen und er wünscht, dass sein Nein in den Wüsten Afrikas verhungere und verdurste (R41 | P44). Um sich zu entlasten, verrechnet er den Kauf des Nachbargrundstücks, der der jüdischen Familie die Flucht ermöglichen soll, mit seinem Nein: »Mit dem Kauf des Grundstücks hatte er die Ausreise seines Neins aus dem Fragebogen finanziert.« (R41 | 44). Nach dem Krieg passt er sich politisch dem neuen System an und macht erneut Karriere, jetzt in der DDR.

Die Frau des Architekten

Die Frau des Architekten: Sie ist inzwischen alt geworden und hat weiße Haare bekommen. Ursprünglich wollte sie Seiltänzerin oder Dompteurin werden und in die Welt gehen, ist aber ihrem Mann zuliebe geblieben. Sie vertreibt sich die Zeit mit Besuchern und fröhlichen Partys, Schwimmen und morgendlichen Wanderungen. Sie selbst und ihr Freundeskreis stehen ideologisch dem NS-Regime nahe, wie der antisemitische Kommentar eines Filmregisseurs, der zur abendlichen Unterhaltung beiträgt, zeigt: Es sei schwierig, ›arische Schauspieler‹ für jüdische Theaterrollen ›als Semiten zu schminken‹ (R 67 | P 71). Sie empfindet das Leben am See als einförmig. Ihre Begegnung mit dem russischen Soldaten wird zu einem Schlüsselerlebnis, das ihr Leben verändert.

■ Der jüdische Tuchfabrikant

Der jüdische Tuchfabrikant: Er lebt in engen innerfamiliären Beziehungen. Das Seegrundstück wird für ihn und seine Familie zu einem Rückzugsort mit vielen glücklichen Tagen. Sein Plan auszuwandern scheitert. Am Ende werden er und seine Familie deportiert und getötet – nur der in Südafrika lebende Sohn Ludwig und dessen Familie überleben.

■ Das Mädchen

Das Mädchen: Die Enkelin Doris des Tuchfabrikanten ist zwölf Jahre alt, als sie sich im gewaltsam geräumten Warschauer Ghetto in einem Schrank versteckt. Gegen die Dunkelheit der Kammer, die Isolation, Unsicherheit und Angst angesichts des drohenden Todes träumt sie von dem früheren schönen Leben mit ihrer Familie am See.

■ Der Rotarmist

Der Rotarmist: Der junge Mann wird zum Kämpfer, nachdem seine Eltern und Schwestern von deutschen Soldaten getötet wurden. Er will deren Ermordung rächen und sein Vaterland verteidigen. Im Haus am See hält er sich von den anderen Soldaten fern und sondert sich ab. Seine moralischen Wertmaßstäbe sieht er in den Mädchen seines Heimatdorfes verkörpert, während er die deutschen Frauen für unmoralisch hält. Er sehnt sich nach seiner Heimat.

Die Schriftstellerin: Die inzwischen gealterte Schriftstellerin ist überzeugte Kommunistin und Jüdin. Sie schreibt an einem Buch, um ihre Erfahrungen weiterzugeben, verschweigt aber viele persönliche und politische Ereignisse ihrer Exilzeit. Politische Zweifel an der DDR kommen ihr, als sie von der bevorzugten Behandlung des Arztes und den Sonderrechten, die er erhält (Bau eines Wohnhauses), erfährt.

■ Die Schriftstellerin

Die Besucherin: Sie ist eine alte Frau mit grauen Haaren und krumm gebogenen Beinen, die ihr das Gehen erschweren (R 125 | P 130). Dafür kann sie noch schwimmen, was sie früher schon gerne getan hat. Als Bäuerin hat sie auf ihrem Hof viel arbeiten müssen, daher liegt es ihr nicht, untätig zu sein (R 123 | P 128). Mit ihrem ukrainischen Mann hatte sie offensichtlich eine glückliche Zeit. Sie fühlt sich nicht zugehörig zum Haus am See, obwohl ihre Enkelin mit dem Sohn des Hauses verheiratet ist.

■ Die Besucherin

Die Unterpächter: Die Unterpächter der Werkstatt genießen das Leben am See, die freie Natur und das Segeln. Der Mann, der früher studiert hat und jetzt kurz vor der Rente steht, ist nach seiner gescheiterten Flucht als Arbeiter in einer Fabrik geblieben. Nachdem seine Frau erfahren hat, woher sie eigentlich kommt und wer sie wirklich ist, bricht ihr bisheriges Leben zusammen. Ihr Mann lässt sie mit ihren Problemen allein.

■ Die Unterpächter

Der Kinderfreund: Er ist inzwischen fünfzig Jahre alt. Die Enkelin der Schriftstellerin hat er als Junge wirklich gerne gehabt. Er wurde aber von ihr abge-

■ Der Kinderfreund

lehnt und fühlte sich verraten. Als erwachsener Mann hilft er ihr bei Handwerks-/Gartenarbeiten und beim Ausräumen des Hauses.

Die unberechtigte Eigenbesitzerin

Die unberechtigte Eigenbesitzerin: Die Enkelin der Schriftstellerin hat in diesem Haus als Kind glückliche Sommermonate verbracht und nimmt jetzt Abschied, indem sie es gründlich von oben bis unten reinigt. Das Haus hat eine hohe Bedeutung für sie, so dass sie sich nur schwer von ihm lösen kann.

Der Gärtner

Der Gärtner: Er führt in enger Verbundenheit mit dem Garten ein Eigenleben. Niemand erhält Einblick in sein Inneres und erfährt, was er denkt oder empfindet. Nur einmal heißt es, er habe angesichts der Zerstörung des Gartens durch die Pferde der russischen Soldaten geweint (R70 | P74). Er hat weder Familie noch Freunde, aber guten Kontakt zu Kindern. So zeigt er ihnen z.B., wie sie aus Holunderstecken ein Blasrohr basteln können (R121 | P126).

Die Dorfbewohner

Die Dorfbewohner: Ihnen ist der Gärtner nicht ganz geheuer. Sie wissen nichts von ihm, umso mehr gehen Gerüchte und Verleumdungen herum. Sie verdächtigen ihn des Wahnsinns (R26 | P28) und der mangelnden Moral, da er angeblich geheime nächtliche Treffen des Sohnes mit Mädchen aus dem Dorf (R120 | P125) und der Enkelin mit Dorfburschen (R150 | P155) deckt und ihnen hilft.

Die Figuren sind nach sozialen Beziehungen (Ehe, Familie, Nachbarschaft, Freundschaft), gegensätzlichen Weltbildern und politischen Überzeugungen und vor allem durch ihren Bezug zu Haus und Grundstück am See einander zugeordnet. Die folgende Abbildung gibt die Figurenanordnung wieder. Figurenanordnung

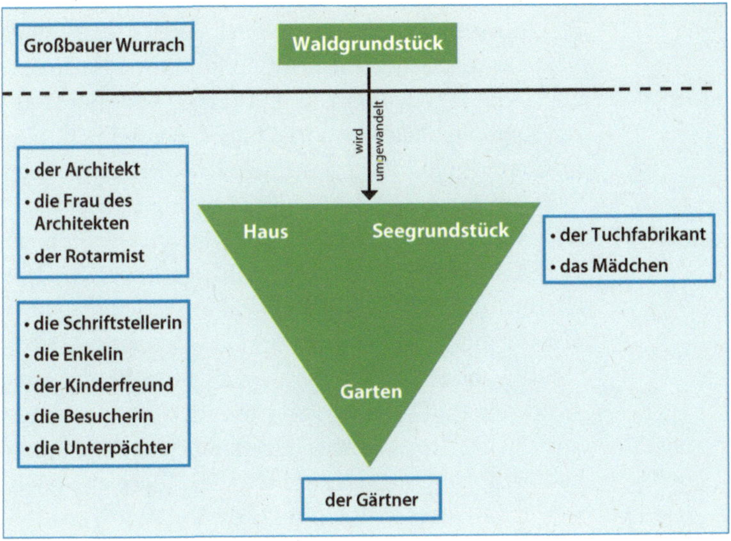

Abb. 1: Figurenkonstellation

4. Form und literarische Technik

Aufbau

Der Roman wird eingeleitet durch einen Prolog, einer Vorrede, und endet mit einem Epilog, einer Nachrede. Sie sind durch das Schriftbild (kursiv) von den anderen Kapiteln abgehoben und bilden einen Erzählrahmen. Im Prolog wird das Entstehen der märkischen Seenlandschaft seit der Eiszeit geschildert. In elf Kapiteln werden nacheinander die Lebensgeschichten der verschiedenen Figuren erzählt. Eingeschoben in diese handlungstragenden Kapitel sind elf Abschnitte über den Gärtner, die einen eigenen Erzählstrang bilden.

Verknüpfung der Kapitel

Die Kapitel sind untereinander durch die Figurenschicksale und ihre Bindung an einen gemeinsamen Ort (Haus, Seegrundstück) verknüpft, aber auch mit den Erzählabschnitten zum Gärtner. Diese ergänzen, was in den Figuren-Kapiteln vermittelt wird, und liefern eine Reihe von Informationen zum leerstehenden Haus nach der Flucht des Architekten (R 104 | P 109), den neuen Pächtern des Hauses (R 104 f. | P 109 f.), dem Tod des Ehemannes der Schriftstellerin (R 135 | P 141), der Geburt einer Tochter des Sohnes (R 120 | P 126) und der Verpachtung der Werkstatt an ein Ehepaar (R 135 | P 141). Eine wichtige Verknüpfungsfunktion übernehmen die vielen Wiederholungen im Roman (siehe Abschnitt »Gestaltung der Zeit«).

Prolog (R 9 f. | P 9–11)
Der Gärtner (R 11 | P 13)
Der Großbauer und seine vier Töchter (R 12–24 | P 14–26)
Der Gärtner (R 25–30 | P 27–33)
Der Architekt (R 31–42 | P 34–45)
Der Gärtner (R 43 f. | P 46 f.)
Der Tuchfabrikant (R 45–58 | P 48–61)
Der Gärtner (R 59 | P 62 f.)
Die Frau des Architekten (R 60–72 | P 64–76)
Der Gärtner (R 73 | P 77 f.)
Das Mädchen (R 74–87 | P 79–92)
Der Gärtner (R 88 | P 93)
Der Rotarmist (R 89–101 | P 94–106)
Der Gärtner (R 102–106 | P 107–111)
Die Schriftstellerin (R 107–118 | P 112–123)
Der Gärtner (R 119–121 | P 124–126)
Die Besucherin (R 122–133 | P 127–138)
Der Gärtner (R 134–136 | P 139–141)
Die Unterpächter (R 137–149 | P 142–154)
Der Gärtner (R 150 | P 155 f.)
Der Kinderfreund (R 151–163 | P 157–169)
Der Gärtner (R 164 f. | P 170 f.)
Die unberechtigte Eigenbesitzerin (R 166–180 | P 172–185)
Epilog (R 181–183 | P 186–188)

Abb. 2: Aufbau des Romans

Paratexte

Dem Roman sind mehrere Paratexte (griech. *pará*: ›neben‹; lat. *textus*: ›Gewebe‹) zugeordnet. Darunter versteht der französische Literaturtheoretiker Gérard Genette[2] Kommentartexte, die einem eigentlichen Text hinzugefügt sind wie Widmungen, Mottos, Gattungsbezeichnungen, Kapitelüberschriften, aber auch das Cover eines Buches, das in der Romanausgabe des Originalverlags die Glastür aus zwölf farbigen Glasfenstern des realen Hauses am Scharmützelsee zeigt. *Heimsuchung* enthält eine Widmung »Für Doris Kaplan.«, ein Zitat aus Georg Büchners Drama *Woyzeck* (1879) und Friedrich Hölderlins Gedicht »Die Heimat« (1800), ein arabisches Sprichwort und die Gattungsbezeichnung »Roman« im Untertitel. Paratexte lenken die Lektüre des Lesers und liefern Informationen und Interpretationen (siehe Abschnitt »Mottos des Romans« in Kapitel 6).

Zeit und Raum

Die Geschehnisse werden nicht fortlaufend erzählt, sondern bruchstückhaft und mit vielen Auslassungen, Andeutungen und Rückblenden. Für diese komplexe Struktur spielen Zeit und Raum als Ordnungsprinzipien einer Erzählung und die Perspektive, aus der erzählt wird, eine zentrale Rolle.

2 Vgl. Gérard Genette, *Paratexte. Das Buch vom Beiwerk des Buches*, aus dem Franz. von Dieter Hornig, Frankfurt a. M. 1989 [frz. 1987].

Abb. 3: Originalcover des Romans. – Mit freundlicher Genehmigung von bürosüd, München

Gestaltung der Zeit

Die Zeit wird durch fragmentarisches Erzählen, chronologisches und nicht- chronologisches Erzählen und durch Wiederholungen gestaltet.

Fragmentarisches Erzählen

Im Roman werden Geschehnisse und Situationen nur ausschnitthaft dargestellt. Was zusammengehört, wird zerlegt in kleine Bruchstücke, die zeitlich versetzt vermittelt werden, so dass beim ersten Lesen oft nicht klar ist, worum es geht. Erst nachträglich werden weitere Informationen geliefert, die aus den einzelnen Versatzstücken ein Ganzes machen und hierdurch die Verständlichkeit sichern.

Verdeutlichen lässt sich das fragmentarische Erzählen am Kapitel *Die Unterpächter*, das sich aus der gegenwärtigen Situation am See, der früheren Fluchtgeschichte des Ehemannes und der Flüchtlingsgeschichte seiner Frau zusammensetzt. Das Kapitel beginnt mit dem Satz: »Das mußt du allein entscheiden, hatte er gesagt. Und sie hatte Ja gesagt.« (R 137 | P 142). Dann bricht die Frau weinend zusammen. Was sie entscheiden muss und warum sie weint, wird erst fünf Seiten später mitgeteilt (R 142–144 | P 147–149). Sie erfährt, dass sie Kriegsflüchtling ist und noch eine Schwester hat, von deren Existenz sie nichts wusste. Entscheiden muss sie, ob sie den Kontakt zu ihr herstellt oder nicht.

■ Die Fluchtgeschichte

■ Einschübe

Dazwischen schieben sich die Erinnerungen des

Mannes: »Seine Frau, die nicht einmal damals geweint hatte, als sie ihm im Besuchsraum des Gefängnisses zum ersten Mal wieder gegenübersaß.« (R 137 | P 142). Unklar ist, warum er im Gefängnis war. Die Antwort folgt erst zehn Seiten später, wenn die gescheiterte Flucht aus der DDR in den Westen aufgedeckt wird (R 147 | P 152). Unterbrochen wird seine Geschichte wiederum von den Gedanken seiner Frau, die gerade die Wahrheit über ihre eigentliche Herkunft erfahren hat.

Nicht-chronologisches Erzählen

In Bezug auf die Zeitgeschichte, in die die Figuren verstrickt sind (NS-Zeit, Zweiter Weltkrieg, DDR, vereinigtes Deutschland), folgt der Roman der Chronologie, dem zeitlichen Nacheinander. In Bezug auf die Lebensgeschichten der Figuren werden die Ereignisse jedoch nicht entsprechend ihrer zeitlichen Abfolge erzählt, sondern durch Rückblenden (Analepsen) auf frühere Ereignisse und im Wechsel von Gegenwart und Vergangenheit umgestellt. Im Rückblick auf das eigene Leben tauchen Erlebnisse aus verschiedenen Lebensphasen in der Erinnerung der Figuren auf und es wird vieles ausgelassen, so dass nur ein Teil der individuellen Geschichte sichtbar wird.

Vorwegnahmen

Die Vorwegnahme eines Geschehens (Prolepse), das in der Zukunft liegt, erfolgt aus der Sicht der Figuren und drückt ihre Pläne, Hoffnungen und Wünsche aus, die sich verwirklichen oder scheitern. Der Architekt etwa schaut auf seine künftige Flucht in den

Westen: Er wird »in zwei Stunden in der S-Bahn nach Westberlin sitzen« (R 32, 34 f., 42 | P 35, 37 f., 45). Und es wird sich so ereignen, auch wenn der Text das nicht mitteilt.

Das Erzähltempus

Die Passagen, in denen die Figuren auf die Gegenwart blicken, stehen im Präsens, während von der Vergangenheit im Imperfekt erzählt wird mit einer Ausnahme: Im Kapitel »Der Tuchfabrikant« wird durchgehend das Präsens verwendet, auch dort, wo in die Vergangenheit gegangen wird.

Frequenz von Ereignissen

Ereignisse können in einer Erzählung einmal vorkommen oder mehrmals und ein Ereignis kann einmal erwähnt werden oder mehrfach, wenn es z. B. aus verschiedenen Perspektiven dargestellt wird. Diese Zeitstrukturen einer Erzählung bezeichnet Gérard Genette als *Frequenz*.[3] An mehreren Stellen im Roman werden einmalige Ereignisse aus der Perspektive zweier Figuren erzählt, wie der Kauf des Nachbargrundstückes, der zuerst aus der Sicht des Architekten (R 41 | P 43 f.) dargestellt wird und später aus der des jüdischen Tuchfabrikanten (R 57 | P 60). Dieser Wechsel der Perspektive verdeutlicht das Trennende zwischen den Figuren. Sie stehen auf zwei Seiten der Geschichte und vertreten unterschiedliche Weltsichten. Der materielle Gewinn des einen steht dem existenziellen Verlust des anderen gegenüber. Aber der zwei-

3 Gérard Genette, *Die Erzählung*, aus dem Franz. von Andreas Knop, München ²1998, S. 81 f.

fache Blick auf ein Ereignis zeigt auch das Verbindende zwischen Figuren wie die Bedeutung der Kiefer auf dem Seegrundstück für Ludwig (R 46 | P 49) und das Mädchen (R 75, 86 | P 80, 91).

Variante

Im Roman tauchen auch Ereignisse mehrfach auf, die aus der Perspektive von Figuren, die einander nicht kennen, erzählt werden. Dazu gehört das Verstecken von zwei Frauen im Wandschrank (R 69 f., 72, 173 | P 73, 179) sowie die Erfahrung der Schriftstellerin (R 113 | P 118) und des Mädchens (R 78 | P 83), als Jüdin wegen ihrer roten Haare gehänselt worden zu sein. Durch die Wiederaufnahme von Ereignissen in unterschiedlichen Figurenperspektiven und historischen Situationen entstehen innerhalb des Romans Verbindungen zwischen den Kapiteln und zwischen Figuren.

Die Wiederholung

Der Roman ist durchzogen von Wiederholungen von Wörtern, Sätzen, Absätzen, Gerüchen und Gegenständen, die sich nach Häufigkeit und Funktion unterscheiden.

Wörter

Beispielsweise taucht das Wort *Heim* als Substantiv in mehreren Kapiteln auf: in »Der Tuchfabrikant« (R 46 f., 49–51, 55 | P 49 f., 52–54, 58) und in »Die Schriftstellerin« im Sperrdruck *H-e-i-m* (R 111 | P 116: zweimal). *Heimat* findet sich in »Der Architekt« (R 35 | P 38: zweimal, R 38 | P 41: zweimal, R 41 | P 44: einmal) und in »Die Schriftstellerin« (R 109 | P 114: zweimal und R 111 | P 116: viermal). Diese Wiederholungen verdichten sich im Laufe des Romans zu übergreifenden thematischen Zusammenhängen von Heimat und Zuhause.

Sätze

Die Schriftstellerin schreibt wiederholt den Satz *I-c-h k-e-h-r-e h-e-i-m.* auf ihrer Schreibmaschine (R 107, 109, 112, 114, 116 | P 112, 114, 117, 119, 121). Auch die Formulierung »Zwei Wochen später fahren sie wieder heim.«, die sich auf den älteren Tuchfabrikanten und seine Frau bezieht, wird wörtlich und in variierter Form wieder aufgenommen: R 45 f. | P 49: zweimal; R 47, 49 | P 50, 52. Während die Wiederholung bei der Schriftstellerin signalisiert, dass ihre Heimkehr problematisch ist, liegt über der wiederholten Ankündigung der Heimfahrt des Tuchfabrikanten der Schatten des Todes.

Abschnitte

Das Kapitel »Der Tuchfabrikant« wird mit einem Absatz, in dem die Namen der Familienmitglieder und die Verwandtschaftsbeziehungen aufgeführt sind, eröffnet. Dieser Absatz wird jeweils zu Beginn einer Episode wiederholt (R 45, 52, 56 | P 48, 55, 59) und ist graphisch hervorgehoben:

> »Hermine und Arthur, seine Eltern. / Er selbst, Ludwig, der Erstgeborene. / Seine Schwester Elisabeth, verheiratet mit Ernst. / Die Tochter der beiden […].«

Die Wiederholung der Namen und Familienbeziehungen gibt jeder einzelnen Person ihre Identität und ihren Platz in der Familie. Gegen den drohenden Zerfall der Familie und ihre Auslöschung im Vernichtungslager und Gaswagen wird ihre Identität und die Erinnerung an sie dadurch bewahrt.

Gerüche, Gegenstände

Im Laufe des Romans werden Gerüche (Pfefferminz und Kampfer, R 33, 72, 91 f., 94, 171 | P 36, 76, 96 f., 99, 177) und Gegenstände wiederholt genannt, wie das Meissner Porzellan (R 31 f., 150 | P 34 f., 155), das Silberbesteck (R 31 f., 104 | P 34 f., 109), das eiserne Vögelchen (R 63, 69, 174 | P 67, 73, 180), der begehbare Wandschrank (R 63, 68, 70, 170 f., 173: 2 ×, 175 f. | P 67, 72 f., 176 f., 179: zweimal, 181 f.) und die Badetücher im Badehaus (R 40 f., 78, 162 | P 43 f., 83, 168). Auf der Erzähl- und Geschehensebene stiften Gegenstände vielfältige Beziehungen zwischen Figuren, die räumlich und zeitlich voneinander getrennt sind, und dem historischen Kontext.[4]

Verknüpfungsfunktion

Wiederholungen schaffen eine thematische Kontinuität, strukturieren die Figuren-Kapitel und verknüpfen sie untereinander. Doch verbinden sie auch den handlungs- und figurenbezogenen Erzählstrang mit dem des Gärtners. Z. B. fällt der Gärtner die Kiefer (R 59 | P 62) auf dem ehemaligen Seegrundstück des Tuchfabrikanten, an deren Geruch das Mädchen im Todeslager erinnert wird (R 75 | P 80). Der Architekt vergräbt das in eine Kiste verpackte Meissner Porzellan und Silberbesteck im Garten (R 31 | P 34), das später vom Gärtner entdeckt wird (R 104 | P 109),

4 Gillian Pye, »Jenny Erpenbeck and the Life of Things«, in: *Transitions. Emerging Women Writers in German-language Literature,* hrsg. von Valerie Heffernan und Gillian Pye, Amsterdam 2013, S. 117.

die Kiste stellt er im Bienenhaus ab. Dort findet sie der junge Hausherr (R 134 | P 139). Die Unterpächter wiederum entdecken die Kiste mit Porzellan unterm Tannenbusch (R 150 | P 155).

Der erzählte Raum

Erzählte Ereignisse sind nicht nur an zeitliche Zusammenhänge gebunden, sondern auch an räumliche. Der Raum, in dem eine Geschichte spielt, ist der erzählte Raum. Das kann der Naturraum (Wald, See), die Landschaft (Garten), die Stadt oder das Haus sein. Mit ›Ort‹ ist eine konkrete Stelle in einem Raum gemeint. Der Ort ist lokal und begrenzt, während der Raum umfassend ist. Der Raum ist umgrenzt, von Wegen durchkreuzt und in innen vs. außen, geschlossen vs. offen, nah vs. fern gegliedert. Das Haus ist ein geschlossener Raum. Fenster, Türen und Tore öffnen Räume nach außen und machen sie durchlässig. Die Orientierung im Raum und seine Wahrnehmung hängen vom räumlichen Standort einer Figur oder eines Erzählers und deren Perspektive ab.

■ Funktion von Räumen

Der Raum in der erzählenden Literatur hat verschiedene Funktionen. Er ist erstens Schauplatz von Handlungen und funktional auf die Entwicklung des Handlungsgeschehens bezogen. Zweitens steht der Raum in einer engen Beziehung zu Figuren und hat eine die Figuren charakterisierende Funktion. Ihre Vorstellungen, Gefühle, Handlungen, Bewegungen, ihr menschliches Miteinander und Weltbild sind eng mit dem Raum verbunden, in dem sie sich aufhalten. Identität und Raum sind eng aufeinander bezogen: Die Frage, wer bin ich, ist verknüpft mit der Frage, wo bin ich. Drittens weist die räumliche Gesamtanordnung einer Erzählung auf das Thema und grundlegende Konflikte hin.

Heimsuchung

Konkrete Räume

Der konkrete Raum in *Heimsuchung* gliedert sich in die märkische Seenlandschaft, das Haus, das Grundstück und den Garten. Den Mittelpunkt der Geschehnisse bilden das Haus samt Seegrundstück, zu ihm stehen alle Figuren in einem besonderen Verhältnis. Nach innen ist das Haus in Zimmer aufgeteilt und

Abb. 4: Orit Raff: Visitation, Archival Ink Print, 65 × 80 cm, 2013. – Mit freundlicher Genehmigung von Orit Raff

möbliert. Der Wandschrank ist ein versteckter Innenraum im Inneren des Hauses und fungiert als Schutz- und Intimitätsraum, dessen Schranke der russische Soldat durchbricht.

Der Garten

Der Garten entsteht durch Rodung des Waldes, Trockenlegen des Seestreifens (R 29 | P 30) und Anordnung von Beeten und freien Flächen in vertikaler und horizontaler Richtung. Stück für Stück wird die Wildnis zurückgedrängt und die Natur kulturellen Normen unterworfen, indem sie geometrisch gegliedert wird. Der Garten ist ein Stück kultiviertes Land, das nach innen durch Wege und die Art der Bepflanzung gegliedert ist (R 27 | P 29) und nach außen durch den See, Wald und einen Zaun begrenzt ist. Mit dem Garten wird die Natur in die häusliche Sphäre geholt und symbolisch durch das eiserne Vögelchen auf dem Balkon (R 63 | P 67) in das Innere des Hauses.[5] Der Garten gehört zum Außenbezirk des Hauses.

Bestimmte Szenarien spielen sich in anderen Räumen und an anderen Plätzen ab: in Südafrika, in Masuren, im russischen Dorf, in der Sowjetunion und

Bewegung im Raum

im Warschauer Ghetto. Sie markieren die Bewegung von Figuren von einem Ort zu einem anderen, die jedoch selbst nicht beschrieben wird, sondern nur durch Nennung der Anfangs- und Endpunkte gezeigt wird: Sie waren dort und sind jetzt hier. Über die individu-

5 Gert Selle, *Die eigenen vier Wände. Zur verborgenen Geschichte des Wohnens*, Frankfurt a. M. / New York 1993, S. 171, 173.

elle Bedeutung für die Figuren hinaus haben diese Orte eine geschichtliche Bedeutung als Schauplätze von Krieg, Exilierung und als Zwischenorte auf dem Weg zur Massenvernichtung im KZ.

Der Ort am See steht in einer engen Beziehung zu seinen Bewohnern und erhält durch ein Netz von Erfahrungen, Erlebnissen, Gefühlen und Wertungen eine Bedeutung. Der konkrete Ort am See ist für die Figuren mehr als ein Ort, an dem sie wohnen und leben. Es ist der Raum ihrer Zugehörigkeit, Identität und Heimat (siehe Abschnitt »›Heimat‹ im Roman« und »Die Erinnerung« in Kapitel 6). Der gesamte Raum und seine Anordnung verweisen auf das leitende Thema und den Grundkonflikt des Romans: Heimat, Vertreibung, Exil und Völkermord.

Raum und Figuren

Damit der Leser sich in der erzählten Welt orientieren kann, wird eine Reihe von zeitlichen und räumlichen Gliederungssignalen eingesetzt. Dazu gehören die Temporaladverbien *heute* und *jetzt*, die Kapitel gliedern und den Wechsel zwischen der Vergangenheit und Gegenwart markieren. Es handelt sich um deiktische Ausdrücke, deren Bedeutung vom Standort einer Figur abhängt. Lokaladverbien wie *hier*, *da*, *dort* ermöglichen es dem Leser, Figuren und Gegenständen zu lokalisieren und Bewegungen und Wechsel von Räumen, wie im Kapitel »Der Tuchfabrikant«, zu erkennen.

Gliederungssignale

Der Chronotopos

Figuren, Handlungen und Ereignisse sind in der erzählenden Literatur, wie eben dargelegt, in raum-zeitliche Zusammenhänge eingebettet. Die Wechselbeziehung von Raum (griech. *tópos*) und Zeit (griech. *chrónos)* in der Literatur hat Michael M. Bachtin als Chronotopos bezeichnet[6] und seine Funktion für Romangenres, die Handlung und das Bild des Menschen im europäischen Roman untersucht. Chronotopoi, wie etwa Haus, Hof, Heimat, Exil oder Landschaft, sind sinntragende Elemente einer Erzählung, die die Handlung bestimmen.

■ Chronotopos in *Heimsuchung*

Im Roman ist der Chronotopos ›Haus‹ ein zentrales Element des Erzählgeschehens. Es ist ein Ort, an dem sich die Zeit verdichtet, indem individuelle Lebensgeschichten hier zusammengeführt werden. Das Haus samt Seegrundstück bilden den Knotenpunkt des Geschehens und der räumlichen Bewegungen der Figuren von Kommen und Gehen. Die Zeit manifestiert sich im Raum durch die Bewegung der Figuren und die Erinnerung an die Vergangenheit und die reale Geschichte, die das Leben der Figuren bestimmt und sie aus ihren Orten vertreibt. Der Raum entsteht durch Bewegung und gewinnt über die individuelle Bedeutung hinaus auch eine politische und historische Bedeutung. Die folgende Tabelle veranschaulicht die Wechselbeziehung von Raum und Zeit im Roman.

6 Michail M. Bachtin, *Chronotopos*, aus dem Russ. von Michael Dewey, Frankfurt a. M. 2008 [russ. 1975], S. 7 f.

Zeit	Raum
Erzählen: im zeitlichen Nacheinander Rückblenden, Vorgriffe	Schauplatz: Haus, Seegrundstück, Garten
Individuelle Zeit: biographische Bruchstücke der Figuren	Lokalisierung der Figuren und ihrer Perspektiven in Haus, Grundstück, Südafrika, Warschauer Ghetto
Historische Zeit / Geschichte	lokalisiert in der Sowjet- union, in Masuren, Warthegau, Warschauer Ghetto
Historische Zeitspanne: Weimarer Zeit, National- sozialismus, DDR, vereinigtes Deutschland	Bewegung im Raum: Vertreibung, Flucht, Emigration, Deportation, Verlassen des Hauses
Erinnerungen an die Vergangenheit	Erinnerungsorte: das Haus, Seegrundstück, Masuren, russisches Dorf, stalinis- tische SU
Wechsel zwischen Gegenwart und Vergangenheit	Wechsel zwischen alter – neuer Heimat, hier – dort Heimat – Fremde

Abb. 5: Chronotopos

Erzählperspektive

■ Multiperspektivisches Erzählen

Der Roman verwendet die Form des multiperspektivischen Erzählens, indem aus mehreren Perspektiven erzählt wird. Sie zusammen ergeben erst einen erzählerischen Gesamtzusammenhang. Ereignisse, Orte und Gegenstände rücken in unterschiedliche Perspektiven von Figuren und zeigen die erzählte Welt in ihren unterschiedlichen Facetten.

■ Figurensicht

Bis auf das Kapitel zum Großbauern liegt der Blickpunkt, von dem aus erzählt wird, bei einer Figur:

> »Es ist schon bitter, daß er jetzt alles eingraben muß. Das Meißner Porzellan, seine Zinnkrüge und das Silberbesteck. Als sei Krieg. Er weiß selbst nicht, ob er etwas begräbt oder […]. Überhaupt weiß er jetzt viel weniger, als er einmal wußte.« (R 31 | P 34)

Der Fokus des Erzählens liegt bei der Figur des Architekten und es besteht Innensicht. Was die Figur tut, denkt, wahrnimmt, empfindet, erlebt und plant, wird aus ihrer Perspektive dargestellt. Sprachliche Hinweise auf die Figurenperspektive sind das Personalpronomen *er*, das Präsens, unvollständige Sätze, der Konjunktiv *sei* und der deiktische Ausdruck *jetzt*.

■ Erzählersicht

An mehreren Stellen innerhalb der Figuren-Kapitel verschiebt sich die Perspektive jedoch zu einem Erzähler, der nicht zur Figurenwelt gehört und eine Außensicht auf eine Figur einnimmt. Der Erzähler berichtet von etwas, das eine Figur nicht weiß und nicht wissen kann, wie der Verkauf der Möbel der elterlichen Wohnung in Guben, von dem das Mädchen Doris nichts weiß, wie der Erzähler selbst vermerkt: »ohne daß sie es wußte« (R 83 | P 88). Der Erzähler übernimmt auch in den Momenten den Bericht, in denen Figuren sterben und nicht mehr vom eigenen Tod erzählen können, wie etwa bei der Ermordung des Tuchfabrikanten und seiner Frau (R 58 | P 60) und seiner Enkelin Doris:

> »Drei Jahre lang hat das Mädchen Klavierspielen gelernt, aber jetzt, während sein toter Körper in die Grube hinunterrutscht [...].« (R 87 | P 91)

In diesen Passagen stellt der Erzähler Teile der erzählten Welt dar, die für die Figuren unzugänglich sind und die außerhalb ihres Wissenshorizontes liegen. Er entspricht dem, was in der klassischen Erzählforschung als auktorialer Erzähler bezeichnet wird.[7]

Erzählabschnitte zum Gärtner

Über das Leben und die Tätigkeiten des Gärtners berichtet ebenfalls ein Erzähler. Teilweise bleibt er im Denkhorizont der Figur, etwa wenn vom Hausherrn die Rede ist (R 28 f. | P 31) und damit das soziale Abhängigkeitsverhältnis ausgedrückt wird. Mehrfach gibt der Erzähler die Ansichten und Gerüchte der Dorfbewohner über den Gärtner wieder und folgt in seinem Bericht der beschränkten Sicht des Dorfes und seinen Vorurteilen. Er verwendet wiederholt die stereotype

7 Franz K. Stanzel, *Theorie des Erzählens*, Göttingen ²1982, S. 16.

Formel »Im Dorf wird erzählt [...]« (R 120, 134 f.: viermal, 150, 164: zweimal | P 125, 140: viermal, 155, 170: zweimal):

> »Im Dorf wird erzählt, daß der Gärtner sich seit dem Abriß des Bienenhauses weigere, seine Fußnägel zu kürzen. Um die Zehen herum bis zur Unterseite der Füße seien sie inzwischen gewachsen, und hinten noch über die Hacken hinaus.« (R 134 | P 140)

Der Erzähler klärt nicht auf. Er korrigiert nicht das Unwissen und die Vorurteile der Dorfbewohner, vielmehr lässt er die Legenden sprechen, die sich um die Figur wie ein Geheimnis legen und die Rätselhaftigkeit der Figur verstärken.

Gattung

Bereits mit dem Untertitel »Roman« erfolgt eine Gattungszuordnung von *Heimsuchung*, über deren weitere Ausdifferenzierung in Romanformen bzw. Genres wie dem Familienroman bleibt zu diskutieren.

■ Familienroman

Der Familienroman hat sich im 18. Jahrhundert mit dem Entstehen der bürgerlichen Familie entwickelt. Die Familie bildet den Handlungsraum dieses Genres, das mit Thomas Manns *Buddenbrooks. Verfall einer Familie* (1901) einen Höhepunkt erreicht. Nach 1900 treten der Familienroman und die große Erzählung in den Hintergrund.

In den 1970er und 80er Jahren wurde die Familie und ihre Geschichte wieder zum Gegenstand des Erzählens wie in *Vaterspuren* (1979) von Sigfrid Gauch oder Christoph Meckels *Suchbild. Über meinen Vater* (1980). Es ging um die Aufarbeitung der jüngeren Geschichte und die Frage nach der Beteiligung der Väter am Nationalsozialismus und dem Zweiten Weltkrieg. Bezeichnend für diese Literatur, für die Aleida Assmann den Begriff der Väterliteratur[8] geprägt hat, ist die Abrechnung mit der Generation der Väter und die Verbindung von Familiengeschichte und deutscher Geschichte des 20. Jahrhunderts.

■ Väterliteratur

Ab den 1990er Jahren und verstärkt um die Wende zum 21. Jahrhundert hat eine Renaissance des Familienromans stattgefunden, vgl. z. B. Stephan Wackwitz' *Ein unsichtbares Land. Ein Familienroman* (2003) oder Uwe Timms *Am Beispiel meines Bruders* (2003). Bezeichnend für den neuen Familienroman ist, dass die Generation der Enkel, die selbst die NS-Zeit nicht miterlebt hat, über ihre Familie einen Zugang zur jüngeren Geschichte sucht. Im Fokus stehen Erzählerfiguren, bei denen es sich zumeist um ein fiktives oder autobiografisches Ich handelt, das sich der eigenen Familiengeschichte über mehrere Generationen zuwendet und ihre historische Verstrickung in den Nationalsozialismus, Krieg und Holocaust, die in der Familie verschwiegen oder beschönigt wurde, erschließen

■ Der neue Familienroman

8 Aleida Assmann, »Grenzen des Verstehens. Generationsidentitäten in der neuen deutschen Erinnerungsliteratur«, in: *Familiendynamik* 30 (2005) H. 4, S. 375.

möchte. Ihre Erinnerungsarbeit, die oft dokumentarisch unterlegt ist (Briefe, Fotos, Tagebücher, Tonbänder), ist zugleich eine Suche nach der eigenen Identität und Herkunft. In der Verknüpfung von privatem Erinnern und Rekonstruieren von Geschichte sind diese Familienromane Teil einer Erinnerungsliteratur, die gesellschaftlich Verdrängtes und Verschwiegenes an die Oberfläche holt.

Heimsuchung ein Familienroman?

Im Hinblick auf die genannten Merkmale entspricht der Roman *Heimsuchung* nicht dem Muster des neuen Familienromans, auch wenn er gleiche Themen wie Krieg, NS-Zeit, Holocaust behandelt. Die Familie bildet nicht den Handlungsraum und sie ist auch nicht das Medium, durch das deutsche Geschichte aufgearbeitet wird. Im Fokus steht nicht das Verhältnis von Generationen innerhalb einer Familie zueinander, belastet von moralischem Zwiespalt, Schuld, Suche nach Wahrheit und Erklärungen, sondern ein Ort, an dem die Lebensgeschichten von Figuren dreier Familien zusammentreffen, deren Schicksale durch die Historie und ihre Umbrüche bestimmt werden.

5. Quellen und Kontexte

Personenbezogene Fakten, Zeitgeschichte und biografische Bezüge bilden den Hintergrund für den Roman. Jenny Erpenbeck hat die Realgeschichte von Personen und Besitzern von Grundstücken am Scharmützelsee recherchiert. Aufschluss über die Quellen, die sie benutzt hat, gibt die Danksagung am Ende des Romans mit den dort erwähnten Institutionen wie dem Bundesarchiv und dem Jüdischen Historischen Institut Warschau und ein Kommentar von ihr über das fünfte Kapitel des Romans.[9] Grundlage ihrer Recherchen waren Briefe, Listen, Katasterauszüge, Baupläne und Fotos.

Faktische personale Bezüge

Hinter der Geschichte des jüdischen Tuchfabrikanten im Roman steckt eine wahre Geschichte. Vorlage der literarischen Figur ist der Gubener Tuchfabrikant Heinz Engel, der 1939 gezwungen wurde, seine Immobilien zu verkaufen, und dessen Eltern 1942 in einem Gaswagen bei Lodz ermordet wurden. Er selbst konnte nach Südafrika emigrieren. 1942 wurden seine Schwester Elisabeth Kaplan und ihre Tochter Doris (geb. 1931) ins Warschauer Ghetto deportiert und gelten seitdem als verschollen. Der Vater steckte sich bei der Zwangsarbeit beim Autobahnbau an Flecktyphus

9 Vgl. Erpenbeck (s. Anm. 1).

Abb. 6: Doris Kaplan im Alter von 9 Jahren. – Moses Mendelssohn Zentrum / Bibliothek / Akte Doris Kaplan, Potsdam.

an und starb 1941. Das Mädchen Doris Kaplan ist das Vorbild für die Figur des Mädchens im Roman. Den Geruch der Kiefer, den sie vor ihrem Tode einatmet (R 86 | P 91), könnte darauf anspielen, dass kurz vor Kriegsende die Leichen in Treblinka verbrannt und auf ihrer um das Lager verstreuten Asche Kiefern gepflanzt wurden.[10] Die fiktive Doris wird wie die reale in der Schule als Jüdin gehänselt und kommt daraufhin für zwei Jahre nach Berlin, um dort die Schule zu besuchen. Die Vornamen der Familienmitglieder im Roman entsprechen denen der realen bis auf ›Ludwig‹.

Biografische Bezüge

Hedda Zinner

Zwischen Roman und Familiengeschichte der Autorin bestehen enge Verbindungen. Die Schriftstellerin im Roman ist der eigenen Großmutter Hedda Zinner

10 Vgl. Erpenbeck (s. Anm. 1), S. 30.

nachempfunden, die als jüdische Kommunistin mit ihrem Mann Fritz Erpenbeck 1935 ins Exil nach Moskau ging und dort journalistisch und literarisch tätig war (siehe Abschnitt »Biografie« in Kapitel 7). 1945 ist das Ehepaar nach Berlin zurückgekehrt und konnte in den 1950er Jahren das Sommerhaus in der Uferstraße 13 in Diensdorf am Scharmützelsee, das 1936 ein Berliner Architekt erbaut hatte, bewohnen. Sie verloren das Haus im Prozess mit den Erben im Westen.

Jenny Erpenbeck hat dort glückliche Kindheitstage während ihrer Sommerferien verbracht. Die Enkelin der Schriftstellerin im Roman kann als das fiktive Alter Ego (lat. ›ein anderes Ich‹) der Autorin angesehen werden. Nach dem Ende der DDR ging das Haus an die ursprünglichen Besitzer im Westen zurück.

Die Enkelin

Hedda Zinner und Fritz Erpenbeck waren im Moskauer Exil mit dem Schriftsteller Johannes R. Becher befreundet. Es war die Zeit Stalins, in der Millionen Menschen politisch verfolgt, in Gefängnisse und Arbeitslager nach Sibirien gebracht wurden und nicht wiederkehrten. Als den Erpenbecks drohte, nach Sibirien geschickt zu werden, versteckte J. R. Becher sie heimlich, bis die Situation geklärt werden konnte und sie bleiben durften.[11] Darauf spielt die Schriftstellerin in *Heimsuchung* an: »Der Dichter, der sie damals versteckte, bewohnt jetzt mit seiner Frau ein Sommerhaus auf der anderen Seite des Sees […].« (R 113 | P 118).

Johannes R. Becher

11 Vgl. Hedda Zinner, *Selbstbefragung*, Berlin 1989, S. 208.

Das Ehepaar Becher besaß ebenfalls ein Haus am Scharmützelsee.

In *Heimsuchung* erinnert sich die Schriftstellerin an eine deutsche Genossin, deren Mann verhaftet worden war und die sie um Hilfe bittet, aber von ihr abgewiesen wird (R 112 | P 117). Auch diese Szene hat einen biografischen Hintergrund. Hedda Zinner schildert in ihren autobiografischen Erinnerungen an ihre Zeit in der Sowjetunion unter Stalin mit dem Titel

■ Café-Szene

Selbstbefragung[12], wie eine Frau sie im Café Paris anspricht, weil ihr Mann, der Schauspieler Julius Unruh, verhaftet worden war und sie und ihr Kind weder Geld noch eine Bleibe hatten. Hedda Zinner gab ihr zu essen, ließ sie dann aber im Café sitzen, ohne ihr weiter zu helfen. Sie hat sich später dafür geschämt.

■ *Auf dem roten Teppich* (1978)

In Hedda Zinners Autobiografie *Auf dem roten Teppich* (1978) finden sich Aussagen, die wörtlich in *Heimsuchung* vorkommen. »Ich kehre heim.« sagt Hedda Zinner, als sie aus dem Moskauer Exil nach Berlin zurückkehrt. Und fragt weiter »Würde es wirklich eine ›Heim‹kehr sein?«.[13] Im Kapitel »Die Schriftstellerin« wird dieser Satz in Sperrung mehrfach wiederholt: »I-c-h k-e-h-r-e h-e-i-m.« (R 107, 109, 112, 114, 116 | P 112, 114, 117, 119, 121) (siehe Abschnitt »Was ist Heimat?« in Kapitel 6). Ein weiterer intertextueller Bezug findet sich im Kapitel »Der Rotarmist«, in dem die Soldaten sich fragen, warum die Deutschen nicht

12 Vgl. Zinner (s. Anm. 11), S. 10.

13 Hedda Zinner, *Auf dem roten Teppich. Erfahrungen, Gedanken, Impressionen*, Berlin 1986, S. 10.

dort geblieben waren, wo ihnen nichts, »nicht das Allergeringste fehlte« (R 90 | P 95). In ihrer Autobiografie berichtet Hedda Zinner von einem russischen Soldaten, der ebenfalls fragte, warum die Deutschen sie überfallen hätten, wo sie doch alles hätten.[14]

Der Sohn

In Heimsuchung hat die Figur des Sohnes der Schriftstellerin deutliche Ähnlichkeit mit dem Sohn von Hedda Zinner, der 1942 in Ufa geboren wurde und als Kind akzentfrei russisch sprach.[15] Als sie wieder in Berlin lebten, kam er für vier Jahre in ein Heim nach Königsheide. Der Heimaufenthalt hat dem Sohn nicht gutgetan und Hedda Zinner hat ihre Entscheidung später sehr bereut.[16] Im Roman erwähnt die Enkelin, wie nahe ihrem Vater das Russische sei und dass er vier Jahre in einem Kinderheim erzogen wurde (R 169 | P 175).

Motiv der Abweisung

Die verwitwete Urgroßmutter von Jenny Erpenbeck hat den Bruder ihres Mannes aus Kischinjow, der heutigen Hauptstadt Kischinau der Republik Moldau, der seinen Bruder suchte, nicht in ihr Haus eingelassen. In ihrer Essaysammlung *Kein Roman*[17] vermutet Jenny Erpenbeck, dass ihre Urgroßmutter die jüdische Verwandtschaft verleugnete, um ihre Kinder zu schützen. Die Abweisung des Bruders des verstorbe-

14 Vgl. Zinner (s. Anm. 13), S. 32.
15 Vgl. Zinner (s. Anm. 13), S. 18.
16 Vgl. Jenny Erpenbeck, *Kein Roman. Texte und Reden 1992 bis 2018*, München 2018, S. 137.
17 Vgl. Erpenbeck (s. Anm. 16), S. 65.

nen Ehemannes taucht als Motiv in *Heimsuchung* auf (R 132 | P 136).

■ Biografie – Fiktion

Die Bezugnahmen auf die Biografie der Autorin und ihrer Familie sind so ausgeprägt und dicht, dass sie die Rezeption beeinflussen. Sie liefern viele Hinweise, die Szenen, Figuren und Geschehnisse verständlich machen, insbesondere in dem Teil des Romans, der sich auf die Zeit der DDR und danach konzentriert. Dennoch bleibt eine Differenz zwischen Erfundenem und Tatsächlichem und ist die fiktionale Wirklichkeit kein Abbild der außertextuellen Wirklichkeit.

■ Historische Wirklichkeit – Fiktion

Auch die Bezugnahme auf real existierende Personen der Familie des Tuchfabrikanten und historische Ereignisse sind Teil einer fiktiven Welt und gewinnen ihre Bedeutung innerhalb dieser Welt. Personen werden zu Figuren in einer kunstvoll aufgebauten fiktionalen Welt, durch die hindurch eine historische Wahrheit vermittelt wird. Historische und biografische Elemente werden ausgewählt und abgeändert wie bei dem Mädchen, das im Roman erschossen wird, dessen Spuren sich im realen Leben aber verlieren. Oder es kommen erfundene Elemente hinzu wie das Versteck des Mädchens in der Todeskammer, das die Brutalität der Judenvernichtung veranschaulicht. Diese Elemente werden in ein fiktionales Geschehen montiert, das so in der Wirklichkeit nicht stattgefunden hat, aber eine Deutung von Wirklichkeit und eine historische Wahrheit vermittelt.

Thomas Harding

Eine Parallele besteht zwischen *Heimsuchung* und *The House by the Lake*[18] des britisch-jüdischen Journalisten Thomas Harding. Auch bei Harding steht ein Haus am See im Mittelpunkt von Geschehnissen, die der Autor seit 2013 systematisch rekonstruiert und dokumentiert hat. Er erzählt die Lebensgeschichten von fünf Familien, die in einem Sommerhaus am Groß Glienicker See gelebt haben und deren Schicksal eng mit der realen Geschichte (NS-Zeit, Krieg, DDR, Wiedervereinigung) verbunden ist. Das Haus wird für die Bewohner zu einem Zuhause, einem Ort des Glücks und Friedens, den sie wieder verlassen müssen.

Der Urgroßvater

Der Urgroßvater des Autors Dr. Alfred Alexander pachtete 1927 das Grundstück von dem Rittergutsbesitzer von Groß Glienicke Otto Wollank und baute darauf ein Sommerhaus, das für ihn und seine Familie zu einem Rückzugsort wurde. Als er auf der Liste der Geheimen Staatspolizei des NS-Regimes (Gestapo) stand, ging er 1936 ins Exil nach England. 1939 wurde er staatenlos und von der Gestapo enteignet. Seine Tochter Elsie und ihr Mann Erich Hirschowitz, die Großeltern des Autors, waren bereits 1935 nach England ausgewandert und hatten ihren Namen in Harding geändert.

Zwischen 1936 und 2003 bewohnten mehrere Familien das Haus, das nach Kriegsende Eigentum der

18 Vgl. Thomas Harding, *Sommerhaus am See. Fünf Familien und 100 Jahre deutscher Geschichte, aus dem Engl. von Daniel Bussenius*, München 2016. [Orig.: *The House by the Lake*, 2015.]

Abb. 7: Alexander-Haus in Potsdam, Ortsteil Groß Glienicke, Seeseite mit Terrasse 2021. – CC BY-SA 4.0 DEED

DDR wurde und seit 2003 Eigentum der Stadt Potsdam ist. Inzwischen ist das Haus unter Denkmalschutz gestellt, wurde saniert und nennt sich Alexander-Haus.

■ Alexander-Haus

Im Unterschied zu *Heimsuchung* handelt es sich beim *Sommerhaus am See* nicht um einen Roman, sondern um ein erzählendes Sachbuch, bei dem Autor und Erzähler identisch sind und der Autor sich auf reale historische und lebensgeschichtliche Ereignisse und Personen bezieht und diese dokumentiert. Es gibt erzählende Kapitel, in denen die Lebenswege der Hausbewohner von einem fiktiven Erzähler erzählt werden, und dokumentarische Kapitel, die über den Autor, seine Recherchen und tatsächlich Geschehenes berichten.

■ Erzählendes Sachbuch

6. Interpretationsansätze

Es gehört zur Erzähltechnik des Romans, Geschichte, die das Handlungsgeschehen wesentlich bestimmt, nicht explizit darzustellen, sondern nur anzudeuten und auf das historische Wissen des Lesers zu setzen, um zu ergänzen, was im Text offenbleibt. Durch Bezug auf eine außertextuelle historische Wirklichkeit werden Figuren, Ereignisse und Orte zeitlich und räumlich eingeordnet. Geschichte wird vor allem an ihren Folgen für die Figuren sichtbar und steht in einem engen Verhältnis zu den großen Themenkomplexen des Romans ›Heimat‹ und ›Erinnerung‹, die jetzt schrittweise erschlossen werden sollen.

■ Historischer Hintergrund

Was ist Heimat?

Heimat und *Heim* sind Schlüsselbegriffe des Romans. Sie bestimmen die Lebenswege und das Denken und Fühlen der Figuren. Da der Begriff »Heimat« vielschichtig ist und sich seine Bedeutung historisch ändert, soll zunächst auf die Begriffsgeschichte von »Heimat« eingegangen werden.

■ Heimat als Besitz

In einer älteren Bedeutung war Heimat an den Besitz von Haus und Hof gebunden und mit rechtlichen und sozialen Bedingungen verknüpft, wie die Vererbung des Hofes auf den Ältesten und Heimatrechte für Arme in einer Gemeinde. Wer kein Haus oder keinen Hof besaß, war heimatlos.[19] Darauf deutet bereits

19 Vgl. Hermann Bausinger, »Auf dem Wege zu einem neuen,

die Wortgeschichte hin. »Heimat« geht auf das Althochdeutsche *heimuoti*, mhd. *heimot*, zurück und meint Grundbesitz, Anwesen. »Heim« stammt vom germanischen Wort *haima*, mhd. *heim*, das Haus, Wohnung, Heimat bedeutet. Heimat hat auch eine religiöse Bedeutung. In der christlichen Lehre liegt die Heimat im Himmel bei Gott, auf der Erde ist der Mensch nur ein Gast, ein Fremder (Neues Testament, Philipperbrief 3,20).

Im 18. Jahrhundert traten rechtliche Aspekte in den Hintergrund. War bisher mit Heimat die kleine Welt von Dorf und ländlicher Region gemeint, so wurde der Raum durch das Reisen in andere Länder über die Grenzen des Eigenen hinaus ins Fremde ausgedehnt. Die Begegnung mit dem Fremden führte rückwirkend zu einer Neubestimmung des Eigenen und einer neuen Verortung des Menschen.[20] Weggehen und Heimkehren in die vertraute heimatliche Welt sind zwei Bewegungen, die auch in literarischen Texten thematisiert wurden.

■ Vertraute vs. fremde Räume

Im 19. Jahrhundert setzte sich ein romantisierendes, verklärendes Bild von Heimat als schöne, intakte Welt, die der industrialisierten Gesellschaft gegenübergestellt wurde, durch. Emotionale Bindungen und das subjektive Erleben von Heimat rückten in

■ Verklärtes Bild

aktiven Heimatverständnis. Begriffsgeschichte als Problemgeschichte«, in: *Der Bürger im Staat* 33 (1983) S. 211.

20 Vgl. Gunther Gebhard / Oliver Geisler / Steffen Schröter (Hrsg.), *Heimat. Konturen und Konjunkturen eines umstrittenen Konzepts*, Bielefeld 2007, S. 14.

den Vordergrund. Zugleich wurde im Rahmen eines wachsenden Nationalismus der Begriff »Heimat« auf das Vaterland ausgedehnt und zunehmend politisiert.

Heimatbewegung

In den 1880er Jahren entstand eine neue Heimatbewegung. Der heimatliche Raum wurde gegenüber einer Moderne, die durch Industrialisierung und Verstädterung Landschaftsräume und ländliche Lebensformen zerstörte und als Bedrohung erlebt wurde, zu einem Schutzraum des Vertrauten, der das Fremde ausschloss. Zwischen Volk, Heimat und Territorium wurde ein enger Zusammenhang hergestellt.[21]

Weimarer Republik und NS-Zeit

Die Abgrenzung gegenüber dem Fremden wurde in der Weimarer Republik und in der NS-Zeit zu einer Strategie, die politisch benutzt wurde, um das Fremde auf Feindbilder (Juden, Kommunisten) zu projizieren. Der Begriff »Heimat« wurde zunehmend ideologisiert und völkisch-nationalistisch definiert. Nach dem Verständnis des Nationalsozialismus sicherte die Einordnung in eine Volksgemeinschaft dem Einzelnen Identität und soziale Geborgenheit. Wer nicht zur deutschen Volksgemeinschaft gehörte, wurde ausgegrenzt und als Feind vernichtet.

Blut-und-Boden-Ideologie

Als weiteres Element von »Heimat« kam die Bindung an den Boden / die Scholle und der enge Zusammenschluss von Heimatboden und Volk hinzu. Die Ideologie von Blut und Boden wurde zwischen 1933 und 1945 Teil der politischen Praxis und steht in enger Verbindung zum nationalsozialistischen Völ-

21 Vgl. Gebhard/Geisler/Schröter (s. Anm. 20), S. 23 f.

kermord an den Juden. Das Blut (Zugehörigkeit zu einer sogenannten ›Rasse‹) war entscheidend für den Landbesitz und wurde zur Rechtfertigung für die Ausdehnung in den Osten, um einen neuen Lebensraum (Boden) für das deutsche Volk zu gewinnen.

Durch gesellschaftliche Prozesse der Zerstörung von Umwelt und Natur gewann der Heimatbegriff in den 1970er/1980er Jahren eine neue Bedeutung. Das ökologische Bewusstsein (die Grünen, Friedensbewegung) rückte die aktive Gestaltung und Aneignung der eigenen Umwelt in den Vordergrund.

Aktive Aneignung von Heimat

Für Ina-Maria Greverus gehört es zur Gattung Mensch, ein Territorium zu beanspruchen und es zu seiner Heimat zu machen. Heimat erfülle grundlegende menschliche Bedürfnisse nach Identität, Sicherheit und aktiver Lebensgestaltung.[22] Der Verlust dieses Raumes gefährde die eigene Identität und umgekehrt sei Heimat ein identitätsstiftender Raum.

Raumanspruch und Identität

Doch ist der geographische Raum noch nicht Heimat. Vielmehr bilde sich Heimat nach Bernd Hüppauf[23] erst in der Vorstellungskraft, in den Bildern in unserem Kopf, in den Erinnerungen an Gerüche, Geräusche, Farben, Dinge, Sprache und vertraute Erlebnisse.

Subjektive Vorstellungen

22 Vgl. Ina-Maria Greverus, *Der territoriale Mensch. Ein literaturanthropologischer Versuch zum Heimatphänomen*, Frankfurt a. M. 1972, S. 51 f. und S. 24.

23 Vgl. Bernd Hüppauf, »Heimat – Die Wiederkehr eines verpönten Wortes. Ein Populärmythos im Zeitalter der Globalisierung«, in: Gebhard/Geisler/Schröter (s. Anm. 20), S. 112.

Auch wenn sich der Heimatbegriff historisch verändert hat, politisch oft missbraucht und durch die Unterhaltungsindustrie (Heimatfilme, Heimatromane) verflacht und veräußerlicht wurde, so zeichnen sich doch bestimmte Grundfiguren ab, die wiederkehren. Heimatkonzepte bewegen sich in der Spannung von Heimat und Fremde, Gehen und Bleiben, Offenheit gegenüber dem Fremden und Ausgrenzung. Immer jedoch gehen Heimatvorstellungen von dem Menschen und seiner Verortung aus und verbindet sich Heimat mit einer humanen Auffassung von Gesellschaft.[24]

■ Heimat und Menschenbild

»Heimat« im Roman

»Heimat« hat für die einzelnen Figuren eine unterschiedliche Bedeutung. Bedingt durch Geschichte und Politik werden die Figuren aus dem, was ihnen Heimat ist, war oder hätte sein können, vertrieben. Im Moment des Verlustes von Heimat wird das Leben der betroffenen Figuren erzählerisch entfaltet.

Heimat als Besitz

Die Bedeutung von Heimat als Besitz von Haus und Hof zieht sich durch den Roman. Es beginnt mit dem Großbauern Wurrach, der den Waldbesitz seiner Tochter verkauft. Den Kaufvertrag unterschreibt die Ver-

24 Vgl. Gebhard/Geisler/Schröter (s. Anm. 20), S. 45.

lobte des Architekten, die ihren Besitz später an ihre Nichten und Frauen ihrer Neffen vererbt (R 72 | P 76). Die Schriftstellerin erwirbt das Haus, das inzwischen Volkseigentum der DDR geworden ist, von der Gemeinde. Nach ihrem Tod lässt ihr Sohn seine Tochter als Miteigentümerin eintragen (R 168 | P 174 f.). Die Enkelin muss gehen, weil die eigentlichen Besitzer im Westen Rückerstattungsansprüche anmelden. Auch der Tuchfabrikant lässt seinen Sohn Ludwig als Eigentümer des Seegrundstücks ins Grundbuch eintragen. Nach dem Zusammenbruch der DDR geht das Uferstück, das der Architekt gekauft hatte, wieder zur ehemals jüdischen Parzelle zurück (R 172 | P 178).

Der Architekt: Schaffen von Heimat

Für den Architekten entsteht Heimat erst in einem Prozess des Planens und Bauens (R 35 | P 38). Das Haus ist sein Zuhause (R 38 | P 41) und mehr noch Teil seiner Identität. Er ist so stark mit ihm verbunden, dass er es zu einem Körper verlebendigt und als seine »dritte Haut« (R 35 | P 38) beschreibt. Das Haus wird zu einem erweiterten Leib, der dritten Haut nach der Kleidung und der Körper zu einem »Gehäuse« (R 35 | P 37), einer Abwehrfestung[25], aus der er nun verjagt wird.

■ Personifikation des Hauses

Die Personifikation des Hauses setzt sich fort, wenn er das kleine Fenster im Schrankzimmer mit einem Auge vergleicht (R 33 | P 36). Am Ende lässt er

25 Vgl. Selle (s. Anm. 5), S. 23, 22.

den Schlüssel stecken, damit sie »ihm keinen Knochen zerbrechen« (R 34 | P 37), nicht die Tür und nicht die Gitter der Eingangstür. Mit dem Abschied vom Haus wird ihm, wie es im Text heißt, die dritte Haut abgezogen, um sein Leben zu retten (R 36 | P 39). Er lässt einen Teil seines Selbst zurück.

Die Frau: Heimat als Schutzraum

Die Frau des Architekten hat sich für ihren Mann und diesen Ort entschieden, obwohl sie »am liebsten ihr ganzes Leben lang auf Tournee gewesen wäre« (R 62 | P 66). Ihre Träume von fremden Räumen stehen im Gegensatz zur Sesshaftigkeit. Für sie ist das Grundstück ein »Gehege« (R 64 | P 68), das sie umzäunt und vor anderen schützt. Es steht für Heimat und Geborgenheit, ist aber auch der Ort, an den sie gebunden ist und von dem sie nicht fortkommt.

Ludwig: Neue Heimat

Ludwig baut sich mit seiner Familie in Südafrika eine neue Heimat auf. Die neue Heimat lebt in der Spannung zur alten und beide werden fortlaufend miteinander verglichen: der Garten, die Pflanzen und der Gärtner. Das in seinen Pass gestempelte »C« (R 53 | P 56) für *coloured* und das Verbot, einen Park zu betreten, sind deutliche Hinweise auf die südafrikanische Apartheid und ihre rassistische Unterdrückungspolitik. Es wird eine Entsprechung zum Nationalsozialismus hergestellt, die einen Schatten auf die neue Heimat wirft. Auch dem Tuchfabrikanten und seiner Familie war das Betreten öffentlicher Parks ab 1939 verboten (R 57 | P 60) und ab 1938 erhielten Juden einen Stempel in Form eines roten J in ihren Pass.

Alte Heimat

Aus der Ferne wird der verlorene Ort am märkischen See zu einem Sehnsuchtsort. Dort hatten sich der Tuchfabrikant und seine Familie einen Heimatraum geschaffen, in dem sie sich sicher und glücklich fühlten und aus dem sie vertrieben wurden.

Das Mädchen: Subjektive Heimatbilder

In ihrem Versteck im Warschauer Ghetto tauchen bei dem Mädchen Bilder von glücklichen Tagen am Seegrundstück, das für Geborgenheit und eine intakte Welt steht, auf. Das Heraufbeschwören dieser Bilder, die voller Licht, Farben, Himmel und Wolken sind, findet angesichts des Todes statt und sie geben ihm das Gefühl von Heimat und noch nicht völligem Verstoßensein:

> »Und so lange sie noch irgend etwas auf dieser Welt kennt, ist sie noch nicht in der Fremde.« (R 82 | P 87)

Vertrautheit und Verbundenheit mit einem Teil der Welt, in dem das Mädchen beheimatet war, wird der Fremde und Einsamkeit in ihrem Versteck gegenübergestellt. Diese Spannung wird im Kontrast von

Farbe und Licht am See und der »schwarzen Kammer« symbolisiert (R 74 | P 79).

Auf dem Flohmarkt hat das Mädchen in dem Roman *Heimatlos* gelesen. Es handelt sich um einen Jugendroman von Hector Malot (1878), der die Geschichte eines Findelkindes (Remi), das heimatlos ist und auf der Straße lebt, erzählt. Über verschiedene Umwege und nach vielen Entbehrungen findet der Junge zu seiner richtigen Mutter und seinen Geschwistern zurück und ist endlich daheim. Die Geschichte von Remi ist ein Gegenentwurf zu dem Schicksal des Mädchens, das aus allem gerissen wird, was ihm Heimat war, und für das es kein glückliches Ende gibt.

Lektüre: Jugendroman

Auf ihrem letzten Gang durch das Ghetto beobachtet das Mädchen in den leeren Straßen die zerstörten Tische und Betten (R 85 | P 90) als Zeichen vernichteten Lebens der vielen anderen Deportierten:

Deportation

> »Neben ihr gehen andere, die sie nicht kennt, […] jetzt gehen alle endlich für immer heim.« (R 85 | P 90)

Das Verb »heimgehen« ist in diesem Zusammenhang mit dem Tod assoziiert und spielt auf die alte christliche Lehre an, in der die Heimat des Christen der Himmel ist (Neues Testament, Philipperbrief 3,20). Heimat wird zu einem Zukunftsversprechen nach dem Tod.

Der Kinderfreund: Heimat und Kindheit

Im Unterschied zu den anderen Figuren ist der Kinderfreund der Enkelin hier ansässig und hat hier immer gelebt. Für ihn ist Heimat mit Kindheit und seiner Jugendfreundin verbunden und sie war in dem Moment zu Ende, als seine Freundin sich von ihm abwandte (R 160 | P 166).

Der Rotarmist: Heimatland

Für den russischen Soldaten liegt die Heimat im fernen Russland: »Dort, wo er zu Hause war« und »Dort, wo seine Heimat war« (R 96 | P 101). Heimat ist das russische Dorf mit seinen Eltern, seinen Schwestern und Mädchen mit Zöpfen, Schleifen und Halstüchern, die am Feldrand spazieren gehen. Er skizziert eine dörfliche Welt, die befriedet und unschuldig ist im Unterschied zum moralisch zweifelhaften Verhalten von deutschen Frauen, die sich anbieten (R 97 | P 102). Mit dem Krieg und der Ermordung seiner Eltern und Schwestern durch deutsche Soldaten endete diese Welt. Der Roman nimmt gegenüber der Figur des Soldaten eine Sichtweise ein, die beim Leser Empathie weckt und ein gesellschaftlich und historisch etabliertes Feindbild vom russischen Soldaten unterläuft. Dieses Feindbild wird auch aus der Sicht der Frau des Architekten aktiviert, wenn sie von »slawischen Horden« (R 69 | P 73) spricht und damit neben der Bedrohung noch die Minderwertigkeit von Slawen anklingen lässt.

Die Besucherin: Heimat und Fremde

Für die Besucherin ist der Raum ihrer Zugehörigkeit die Heimat in Masuren, aus der der Krieg sie vertrieben hat. Sie fühlt sich fremd im Haus, in dem vieles anders ist als in ihrem früheren Zuhause: Der Garten ist kein Nutzgarten und es herrschen bürgerliche Umgangsformen. Sie unterscheidet zwischen dem Fremdsein in der Heimat und in der Fremde:

> »Im Grunde fällt es ihr sogar leichter, fremd zu sein in der Fremde, weil das Fremdsein ihr so vertraut ist [...].« (R 131 | P 135)

Sie spielt auf die Enteignung ihres Bauernhofes an, auf dem sie nach ihrer Rückkehr von der Flucht als Magd arbeiten musste. Sie war jetzt die Fremde im eigenen Haus, was für sie offensichtlich schwerer zu ertragen war, als fremd in der Fremde zu sein.

Innere Heimat

Die Besucherin baut sich eine innere Heimat auf. Durch Bilder, Gerüche, Töne und Pflanzen vergegenwärtigt sie Heimat in ihrer Vorstellung und verbindet sie mit dem Leben am See: Hier wie dort schwimmt sie (R 122, 127, 132 | P 127, 132, 137) und gibt es Löwenzahn und Lerchen (R 124 | P 129). Was hinübergerettet wurde aus der Heimat ist die Musik, die zu ihrem Mann gehörte und die nun die Enkelin summt (R 133 | P 138).

Die Schriftstellerin: Politische Bedeutung

Der Heimatbegriff der Schriftstellerin ist primär politisch verortet. Sie bezieht ihn auf das Land Deutschland in seinen wechselnden historischen Phasen: vor der Machtergreifung Hitlers, NS-Regime, nach Kriegsende, DDR. Ausgehend von der DDR in den 1970er Jahren wird das Motiv der Heimkehr aus dem Exil thematisiert.

Heimkehr

Das Kapitel »Die Schriftstellerin« wird mit dem Satz »I-c-h k-e-h-r-e h-e-i-m« (R 107 | P 112) eröffnet. Der Sperrsatz entspricht dem Tippen auf ihrer Schreibmaschine, mit der sie an einem Buch arbeitet. Aber die Heimkehr ist beschwert, wie die mehrfache Wiederholung des Satzes zu erkennen gibt. Im russischen Exil wollte sie nur heim: »Ich will heim, nur heim, das hatte sie damals selbst oft gedacht« (R 111 | P 116). Doch dieses Daheim war nicht mehr, was es einst war. Es hatte sich verwandelt durch die Schrecken des Krieges, den Nationalsozialismus und die brutale Ermordung von Juden, von der sie durch das Tagebuch eines Beamten im Warthegau erfuhr (R 109 f. | P 115).

Exil-Perspektive

Gegen dieses Deutschland hatte sie im Exil angeschrieben:

> »Diese Schreibmaschine war ihre Wand, wo der Zipfel einer Decke auf einem Fußboden ihre Wohnung war, mit dieser Schreibmaschine hatte sie all die Worte getippt, die die deutschen Barbaren zurückverwandeln sollten in Menschen und die Heimat in Heimat.« (R 109 | P 114)

Die Schreibmaschine, die sie auf allen Wegen begleitet hat, ist mehr als ein Werkzeug, sie ist Teil ihrer Identität als Schriftstellerin und das Schreiben ist ihr Medium. Die Schriftstellerin verbindet mit dem Schreiben ein gesellschaftspolitisches Anliegen, das über das subjektive Bedürfnis nach Heimat hinausgeht (siehe Abschnitt »Erinnerungen im Roman« in Kapitel 6). Sie wollte im Exil dazu beitragen, die entstellte Heimat zurückzuverwandeln in eine Heimat, die diesen Namen verdient. Doch wodurch wird Heimat zur Heimat? Mit dem Ausdruck »deutsche[] Barbaren« wendet sie sich gegen den Verlust von Humanität und die Entmenschlichung im Nationalsozialismus, der durch Terror, Gewalt und den Holocaust gekennzeichnet ist. Dagegen hat sie aus dem Exil angeschrieben und gegen die Entleerung dessen, was Heimat eigentlich bedeutet.

Die Bezeichnung »Barbaren« schließt an eine breite Debatte von Historikern, jüdischen Überlebenden, Exilierten und Soziologen[26] in der jüngeren Geschichte an, für die das NS-Regime mit seiner Vernichtungspolitik, Gewalt und Willkür statt einer Rechtsordnung ein Rückfall in die Barbarei, in eine vorzivilisatorische Zeit war. Barbarei steht für ›Auschwitz‹ und den Verlust von Kultur und Zivilisation durch die Unmenschlichkeit des Nationalsozialismus.

■ Barbarei – Zivilisation

Der Heimatbegriff der Schriftstellerin überschrei-

26 Michael Wildt, »Sind die Nazis Barbaren? Betrachtungen zu einer geklärten Frage«, in: *Mittelweg 36* (2006) H. 2, S. 8–26.

tet geographische und nationale Grenzen und umfasst die gesamte Menschheit:

Humanität

> »Aber ihr, der kein Land mehr, sondern die Menschheit die Heimat sein sollte, blieb der Zweifel für immer als Heimweh.« (R 111 | P 116)

Menschlichkeit wird zum obersten Wert ihres Verständnisses von Heimat, die an keinen Ort und keine Grenze gebunden ist, sondern, so könnte diese Textstelle interpretiert werden, Raum für alle gewährt, an bestimmte Bedingungen menschlichen Zusammenlebens geknüpft ist und Schutz, soziales Miteinander und rechtliche Sicherheit bietet.

DDR-Perspektive

Die Zweifel der Schriftsteller beziehen sich auf die gegenwärtige DDR. Das Land ist nicht das, was sie und ihr Mann auf den Trümmern des zerstörten Landes nach 1945 aufbauen wollten. Sie hatten offenbar eine Vision von einer auf sozialistischen und auf humanen Werten aufgebauten Gesellschaft, von der die jetzige Realität weit entfernt ist. Ihre Kritik macht sich fest am Arzt, der politisch begünstigt wird (»von höherer Stelle sei dies so entschieden worden«, R 108 | P 113) und sich, entgegen den Bestimmungen, auf dem Nachbargrundstück, das er gepachtet hat, ein Haus bauen darf (R 108 | P 113). Sie ist desillusioniert über die neue Führungs- und Machtelite der DDR und Praktiken der Privilegierung Einzelner.

Kritisch beurteilt sie auch die offizielle Sprache der DDR. Wenn Bauern inmitten der Ernte und auf staubigen Feldern von Plan-Soll reden, dann sind das aus ihrer Sicht »Fremde Worte, die ihnen nicht selbst im Mund gewachsen sind« (R 117 | P 122). Sie empfindet die Entfremdung zwischen den Bauern und dem Staat, der sich selbst als sozialistischer Staat der Arbeiter und Bauern definiert.

■ Entfremdung

Die Enkelin: Heimat als Identitätsraum

Für die unberechtigte Eigenbesitzerin ist das Haus ein Ort glücklicher Kindheitstage, heimatlicher Geborgenheit und Identität. Sie ist die letzte Bewohnerin des inzwischen verlassenen Hauses.

Bevor sie geht, bringt sie das völlig vernachlässigte und heruntergekommene Haus wieder in Ordnung, reinigt es gründlich von oben bis unten, fegt die Böden und die Treppe (R 171 f. | P 177 f.) und denkt dabei an das Fegen bei den Azteken (R 179 | P 184). Für die war das Fegen keine Reinigung, sondern eine rituelle, kultische (= religiöse) Handlung, mit der eine Verbindung zu einer Gottheit hergestellt wurde. So gleicht der Abschied der Enkelin einer rituellen Handlung, auch wenn sie nicht religiös eingebunden ist. Das Motiv des Fegens taucht bereits im Kapitel über den Großbauern Wurrach auf, in dem es ein fester Bestandteil eines Bestattungs- und Totenrituals ist (R 24 | P 26). Es überspannt Ausgangs- und Endkapitel und verbindet Tod und Begräbnis mit dem Haus.

■ Reinigung des Hauses

In ihrem Traum taucht das Bild der toten Großmutter auf, deren Gesichtszüge in Anspielung auf die

Azteken indianisch wirken (R179 | P184). Zwischen der Trauer um das Haus und der Trauer um die verstorbene Großmutter wird eine Parallele hergestellt. Die Reinigung der Zimmer, der Treppe und der Böden gleicht einer Leichenwaschung, bei der der tote Körper gereinigt und auf das Jenseits vorbereitet wird.

Leichenwaschung

Mit ihrer schönen Kindheit (R177 | P183) verknüpft die Enkelin Zeit und Ort zur Heimat. Bei ihrem letzten Gang durch das Haus (R179 | P184 f.) geht sie durch jedes Zimmer und verschließt jede Tür, bis sie am Ende die Haustür und das Tor zum Grundstück abschließt:

Heimat als Identitätsraum

> »Sie schließt nun auch die Tür zum Vögelchenzimmer, schließt dann die Tür zum Bad, […] schließt, weiter zurückweichend, auch die Wohnzimmertür hinter sich, […] schließt die Tür zur Küche, […] und schließt zuletzt die Haustür ab […].« (R179 | P184 f.)

Das Innere des Hauses mit seinen Räumen, Treppen und Fluren wird zum Spiegel des Inneren der Enkelin. Der äußere Vorgang des Verschließens symbolisiert einen inneren Vorgang. Mit jedem Zimmer, das sie abschließt, geht sie nach innen und verschließt einen Teil ihres Selbst:

> »[…] und schließt zuletzt die Haustür ab, obgleich sie nicht weiß, wie das möglich sein kann, weil alles, was sie da abschließt, so weit innen liegt, und

der Teil der Welt, in den sie zurückweicht, so weit außen.« (R 179 | P 185)

Indem sie das Haus als einen Körper verbildlicht (die Türklinke seufzt, R 167 | P 173), verräumlicht sie das eigene Innere, geht in die Tiefe und schafft dort einen verschachtelten, tief eingelagerten Innenraum für das, was ihr das Haus bedeutet.

Mottos des Romans

Die Figuren unterscheiden sich in ihren Vorstellungen von Heimat. Was sie verbindet ist der Verlust von Heimat. Vor dem Hintergrund dieses Grundthemas des Romans öffnen sich Möglichkeiten, die drei Mottos des Romans einzuordnen.

Friedrich Hölderlin

Das Motiv der Heimkehr zieht sich durch Hölderlins Leben und Werk und ist auch das Thema der sechsstrophigen Ode »Die Heimat« (1800) von Friedrich Hölderlin, aus der der zweite, dritte und vierte Vers der zweiten Strophe zitiert werden:[27]

Ihr teuern Ufer, die mich erzogen einst,
Stillt ihr der Liebe Leiden, versprecht ihr mir,
Ihr Wälder meiner Jugend, wenn ich
Komme, die Ruhe noch einmal wieder?

27 Friedrich Hölderlin, *Sämtliche Werke*, hrsg. von Friedrich Beissner, Bd. 2, Stuttgart 1951, S. 19.

Die Ode (siehe Kapitel 12 »Zentrale Begriffe«) wird eingeleitet mit der Heimkehr eines Schiffers von einer Reise, die sich gelohnt hat, weil er reichlich Güter mit sich bringt. Dagegen ist die Heimkehr des Ich nicht voll Güter, sondern voll Leid (Liebesleid). Das Ich erhofft sich ein Stillen seiner Leiden und Ruhe in der heimatlichen Landschaft (»Ufer«, »Wälder«), aber die frohe Heimkehr bleibt, wie der Konjunktiv »käm« und »hätt« anzeigt, ein Wunschbild.

Bezug zum Roman

Für Hölderlin wird Heimat in dem Moment zum Thema[28], in dem er sie verlassen hat und ihre Bedeutung aus der Ferne erkennt, ähnlich den Romanfiguren, für die Heimat im Moment des Verlustes thematisch wird. Für sie ist die Heimkehr für immer versperrt oder wie bei der Schriftstellerin beschädigt.

Arabisches Sprichwort

Als eine Anspielung auf das Thema »Heimatverlust« könnte das Arabische Sprichwort »Wenn das Haus fertig ist, kommt der Tod.« verstanden werden. Auch die Romanfiguren können nur vorübergehend das Haus als ihre Heimat genießen und für einige steht am Ende der Tod.

Thomas Mann

Eine mögliche Verbindung lässt sich zu Thomas Manns Roman *Buddenbrooks. Verfall einer Familie* (1901), in dem das Sprichwort im sechsten Kapitel des

28 Wolfgang Binder, »Sinn und Gestalt der Heimat in Hölderlins Dichtung«, in: W. B., *Hölderlin-Aufsätze*, Frankfurt a. M. 1970, S. 92.

siebenten Teils zitiert wird, herstellen. Im Roman kommt dem Haus ebenfalls eine hohe symbolische Bedeutung zu. Thomas Buddenbrook hat sich gerade ein eigenes Haus gebaut und sagt zu seiner Schwester Toni:

> »›Wenn das Haus fertig ist, so kommt der Tod.‹ Nun, es braucht noch nicht grade der Tod zu sein. Aber der Rückgang … der Abstieg …. der Anfang vom Ende …«[29]

Er nimmt damit den Verfall der Familie vorweg, der mit dem Einzug in das neue Haus beginnt. Im Aufstieg/Höhepunkt von Macht, Ansehen und Glück kündigt sich der Niedergang an. Wie für die Figuren in *Heimsuchung* ist mit der Ankunft im Haus das Ende bereits gesetzt.

Woyzeck

Das Motto aus Georg Büchners Dramenfragment *Woyzeck* (1878) könnte auf die Grundbewegung der Romanfiguren von Kommen und Gehen anspielen. In der 7. Szene (H 4,7) wirft Woyzeck seiner Geliebten Marie vor, ihn zu betrügen: »Teufel! – Hat er da gestanden, so, so?«[30] Marie wehrt seinen Vorwurf trotzig ab: »Dieweil der Tag lang und die Welt alt ist, kön-

29 Thomas Mann, *Buddenbrooks. Verfall einer Familie,* Frankfurt a. M. 1960, S. 379.
30 Georg Büchner, *Woyzeck*, Stuttgart 2022, S. 18.

nen viel Menschen an einem Platz stehn, einer nach dem andern.« Jeder Mensch steht zu einem bestimmten Zeitpunkt an einem Platz, geht und ein anderer nimmt den Platz ein. Im Motiv der Versetzung von einem Ort zum anderen lässt sich das Zitat mit dem Roman und der Vertreibung der Figuren verbinden.

Die Erinnerung

Das Thema »Heimat« steht innerhalb des Romans im Zeichen des Verlustes. Das Medium, um verlorene Heimaten zu vergegenwärtigen, ist die Erinnerung. Doch was ist Erinnerung?

Prozess des Erinnerns

Das Erinnern ist ein Prozess, das Ergebnis dieses Prozesses ist die Erinnerung. Das Erinnern ist subjektiv, auf die Vergangenheit gerichtet und verläuft spontan und nicht absichtsvoll. Zwischen dem Zeitpunkt des Erinnerns und dem, woran sich jemand erinnert, können Tage, Wochen oder Jahre liegen, in denen vieles vergessen, verdrängt und nachträglich umgedeutet wird. Aus der Gegenwart heraus wird die Vergangenheit immer wieder neu zusammengesetzt. Erinnerungen sind unvollständig und selektiv. Wichtiges wird erinnert, Unwichtiges vergessen. Bedrückende oder traumatische Erlebnisse finden oft keinen Zugang zu den Gedanken und Gefühlen eines Menschen und bleiben verschlossen.

Zeit und Raum des Erinnerns

Erinnerungen haften an Orten (Erinnerungsorte), die in der Geschichte eines Einzelnen eine Bedeutung haben. Das Erinnern verläuft nicht chronologisch, sondern springt zwischen Zeiten hin und her. Zeitgrenzen können durch Jahreszahlen oder biografische Einschnitte deutlich markiert sein oder sie verschwimmen.

Erinnerungen im Roman

Die Figuren unterscheiden sich danach, *was* und *wie* sie erinnern. Ihr räumlich-zeitlicher Standort und ihre Perspektive bestimmen ihre Erinnerungen. Das Haus und Seegrundstück sind Ausgangspunkt für Erinnerungen mehrerer Figuren, doch zweimal verschiebt sich der Ort des Erinnerns: nach Kapstadt und ins Warschauer Ghetto.

Inhalte des Erinnerns

Alles, was den Figuren Heimat ist oder war, wird durch die Erinnerung eingeholt und verdichtet sich im Haus und Seegrundstück. Sie sind die Chronotopoi des Romans (siehe Abschnitt »Der Chronotopos« in Kapitel 4). In ihnen treffen die Lebenswege der Figuren zusammen und von hier aus führen sie wieder fort. In der Vergegenwärtigung von Vergangenheit werden komplexe Erinnerungsräume[31] aufgebaut, in denen sich die Figuren mit ihrem Leben, ihren Erfahrungen, Gefühlen und ihrer Identität verorten. Doch liegt die erinnerte Vergangenheit nicht bei allen Figuren im Haus und Seegrundstück, sondern in anderen

31 Vgl. Aleida Assmann, *Erinnerungsräume. Formen und Wandlungen des kulturellen Gedächtnisses*, München [3]2006.

Räumen: im sowjetischen Exil, in Masuren, Russland und der früheren DDR. Die Frau des Unterpächters wiederum wird von einer Vergangenheit eingeholt, die sie nicht erinnern kann, weil sie von ihr nichts wusste, und die sie ihrem bisherigen Leben entfremdet: »alles, was nah war, [wird] plötzlich fremd« (R 144 | P 149).

Erinnerungsräume

Die Erinnerung an verlorene Heimaten ist nicht nur an einen konkreten geographischen Ort gebunden, sondern sie ist erfüllt von Bildern vergangenen Lebens, die voll von Farben, Gerüchen, Geräuschen, Stimmungen und Dingen sind wie bei der Besucherin und dem Mädchen. In der Vorstellung von Doris tauchen Farben des Sees (R 76 | P 81) und Bilder von einem befriedeten Zusammensein mit ihrem Onkel und Großvater auf. Auch an Geräusche erinnert sie sich: das »Rauschen von Blättern, das Plätschern von Wellen, das Hupen des Dampfers« (R 77 | P 82). Gerüche lösen Erinnerungen aus, wie der Geruch der Kiefer im Vernichtungslager (R 86 | P 91) und von Kampfer und Pfefferminz im Haus (R 72, 171 | P 75 f., 177).

Glücksräume

Die Figuren entwerfen Szenarien des Glücks am märkischen See (Ludwig, Doris), den masurischen Seen (Besucherin), im Garten (Enkelin, Jugendfreund), in der heimischen Geselligkeit (Architekt, seine Frau), der intakten Welt des russischen Dorfes (Rotarmist) und der Freiheit beim Segeln (Unterpächter). Jedoch werden die Erinnerungen von Erfahrungen, die ihre gegenwärtige Situation bestimmen, überschattet: Flucht, Vertreibung, Ermordung, Verlust von Haus und Grundstück und der Gewalt, die sich dort abspielt (Vergewaltigung einer Jugendlichen im Holzschuppen, sexuelle Gewalt zwischen der Frau des Architekten und dem Rotarmisten).

Die Form des Erinnerns

Die Art und Weise, wie sich die Figuren erinnern, variiert in Bezug auf die Zeit (Zeitfluss, Wiederholungen) und die Reflexion des Erinnerten.

Die Zäsuren zwischen Gegenwart und Vergangenheit sind außer bei der Frau des Architekten deutlich markiert (siehe Abschnitt »Die Gestaltung der Zeit« in Kapitel 4). In ihrer Wahrnehmung verschwimmt die Zeit der letzten zwanzig Jahre:

■ Zeitwahrnehmung der Frau

> »So gehen die Jahre und sind wie ein Jahr. […] Ob es achtunddreißig war, oder neununddreißig, vielleicht auch erst vierzig, als sie begannen, den Steg des leerstehenden Nachbargrundstücks zu nutzen […].« (R 65 f. | P 69 f.)

Die Frau kann einzelne Ereignisse zeitlich nicht mehr genau zuordnen. Sie weiß nicht, wann was geschah und in welcher Reihenfolge bis zu dem entscheidenden Erlebnis der Begegnung mit dem Rotarmisten vor sechs Jahren, das die Gleichförmigkeit ihres Lebens (»Alles [ist] wie eins.«, R 66 | P 70) zerrissen hat und »ein Loch in ihre Ewigkeit bohrte« (R 70 f. | P 73, 75). Ihre Zeitwahrnehmung, die bisher keinen Anfang, kein Ende und keine Einschnitte kannte, nur den dauernden Zeitfluss, ist in dem Moment beendet, als der junge Soldat sie »Mama« (R 95 | P 100) nennt. Er offenbart damit seine eigene Sehnsucht nach der Mutter und holt bisher Tabuisiertes und Verschwiegenes im Leben der Frau hervor: ihre Kinderlosigkeit, auf die bereits an früherer Stelle im Roman hingewiesen wurde (R 63, 65 | P 67, 69). Aber die Szene wird nicht aus ihrer Perspektive geschildert, sondern aus der des russischen Soldaten. Sie verschließt dieses traumatische Erlebnis in sich und vor sich.

Vergewaltigungsszene

Das Wort »Mama« ist ein Kippmoment, der bei der Frau eine Gewalt auslöst (»greift die Frau nun wieder an, [...] packt ihn an der Gurgel und würgt«, R 98 | P 103), die das tradierte Vergewaltigungsschema von weiblichem Opfer und männlichem Täter unterläuft. Außerdem wandelt sich die sexuelle Begegnung zwischen der älteren Frau und dem jungen, unerfahrenen Soldaten in ein Mutter-Sohn-Verhältnis. Als er anfängt zu weinen, tröstet sie ihn mütterlich und gibt ihm wie einem Kind einen Klaps: »Es fehlt nicht viel, und sie würde ihn mit einem kleinen Klaps auf den Po zum Schrank hinausschieben [...].« (R 96 | P 101).

Erinnerte Gegenstände

Nicht nur an Orten, sondern auch an Gegenständen haften Erinnerungen. Immer wieder tauchen Gegenstände, die zum Inneren des Hauses gehören, wie der rote Ledersessel (R 35, 125, 128, 173 | P 38, 130, 133,179), das eiserne Vögelchen (R 63, 69, 174 | P 67, 73, 180) und die Glasfenster (R 34, 63, 69, 72, 115, 170 | P 37, 67, 72, 75, 120, 176) in der Erinnerung auf. In ihrer Wiederholung (siehe Abschnitt »Die Gestaltung der Zeit« in Kapitel 4) wird Vergangenheit vergegenwärtigt und ihre Bedeutung für die Figuren hervorgehoben.

Erzählperspektive

In einigen Fällen jedoch berichtet der Erzähler über Gegenstände, die dadurch im Roman noch eine andere Funktion als ihre subjektive Bedeutung für die Figuren einnehmen. Nachdem sich das Mädchen daran erinnert hat, wie ihre Eltern in Guben die Einrichtungsgegenstände der Wohnung verpacken (R 81 | P 86), beschreibt der Erzähler die Bestandsaufnahme des Mobiliars, in der jedes Möbel- und Wäschestück aufgelistet, mit einem Preis versehen und die Empfänger namentlich genannt werden (R 83 f. | P 88 f.). Mit dieser Inventarisierung wird der Nationalsozialismus in seiner kalten Rationalität und bürokratischen Organisation, mit der er seine Politik der Judenvernichtung umgesetzt hat, charakterisiert und ein scharfer Kontrast zum inneren emotionalen Erleben des Mädchens hergestellt.

Reflexion der Erinnerung

Die Schriftstellerin ist die Figur, die ihre Erinnerungen reflektiert und ein kommunikatives Anliegen hat (siehe Abschnitt »›Heimat‹ im Roman« in Kapitel 6). Sie möchte Erfahrungen weitergeben und sortiert sie danach, was sie vermitteln oder verschweigen möchte:

> »Manches, woran sie sich erinnert, schreibt sie nicht. Sie schreibt nicht, daß sie Nein sagte, als nach dem Überfall Hitlers auf die Sowjetunion eine deutsche Genossin, deren Mann eben verhaftet worden war, mit ihrem kleinen Kind zu ihr kam und um ein Versteck bat.« (R 112 | P 117)

Diese Szene in Moskau gehört zu den unangenehmen Erinnerungen der Schriftstellerin. Zwar hatte sie gute Gründe, die Frau abzuweisen, da sie und ihr Mann keine Aufenthaltspapiere mehr besaßen und daher selbst politisch gefährdet waren, aber damit kann sie ihr Verhalten nicht vor sich selbst rechtfertigen. Es bleibt die Scham und das Gefühl, unrecht gehandelt zu haben (siehe Abschnitt »Biografische Bezüge« in Kapitel 5).

■ Ausblenden von Ereignissen

Die Schriftstellerin will auch nicht über die Ermordung von Juden im Warthegau (R 109 f. | P 115), die Zensur ihres Radiomanuskripts über diesen Vorfall (R 112 | P 117), die sie stillschweigend akzeptiert hat, das Verschwinden jüdischer Genossen, das Färben ihrer roten Haare, für die sie als Jüdin gehänselt worden war, und das eigene Verstecken in Moskau, um der Abschiebung nach Sibirien zu entgehen (R 113 | P 118), schreiben.

■ Schweigen im Exil

Sie hat, wie sie selbst sagt, damals das Schweigen gelernt (R 113 | P 118). Das Schweigen war in der stalinistischen Sowjetunion – so könnte diese Textstelle ergänzt werden –, in der etwa 70% der exilierten deutschen Kommunisten seit 1936 verhaftet, in Lager gebracht und/oder umgebracht wurden und in der seit 1941 Millionen Menschen umgesiedelt und vertrieben, in die Verbannung geschickt und ermordet wurden und Juden verfolgt und ausgegrenzt wurden, überlebenswichtig. Sie hat aus Angst geschwiegen. Möglicherweise spiegelt ihr Schweigen auch den politischen Zwiespalt einer überzeugten Kommunistin, die mit dem Unterdrückungsapparat der stalinistischen Sowjetunion konfrontiert war.

Seit ihrer Rückkehr nach Deutschland versucht sie, »durch die Buchstaben hindurch ihre Erinnerungen in die Erinnerungen anderer zu verwandeln« (R 118 | P 122), blendet aber auch jetzt nach vielen Jahren, in denen sie alt geworden ist (»altgewordenen Mund«, R 117 | P 122) und in einem neuen Land lebt, bestimmte Exilerfahrungen aus. Doch warum schweigt sie jetzt?

Schweigen in der Gegenwart

Politische Lesart

Ihr Schweigen könnte mit der Politik der DDR zu tun haben, in der jahrelang eine Kritik an Stalin unerwünscht war, und mit ihrem Selbstverständnis, ein antifaschistischer Staat zu sein. Antifaschismus gehörte zur Gründungserzählung der DDR.[32] Sie machte nur eine kleine Gruppe von Monopolkapitalisten für den Faschismus und Hitlers Aufstieg verantwortlich. Die DDR grenzte sich damit vom kapitalistischen Westen ab, vor allem aber konnten mit dieser Erklärung weite Teile der Bevölkerung von ihrer Schuld und Mitverantwortung für NS-Verbrechen freigesprochen werden. Die antifaschistische Gründungserzählung verfügte über die Erinnerung, indem sie moralisch entlastete, den nazistischen Völkermord an den Juden ausblendete und aus dem kollektiven Gedächtnis verdrängte. Sie war nach innen ein Herrschaftsin-

32 Vgl. Herfried Münkler, »Antifaschismus als Gründungsmythos der DDR. Abgrenzungsinstrument nach Westen und Herrschaftsmittel nach innen«, in: *Der missbrauchte Antifaschismus*, hrsg. von Manfred Agethen, Eckhard Jesse und Ehrhart Neubert, Freiburg 2002, S. 79–99.

strument. Wer sich widersetzte, wurde als ›faschistisch‹ verleumdet und musste z. B. als Schriftsteller mit Veröffentlichungsverbot und/oder Haftstrafen rechnen. Das Schweigen wurde in der DDR zu einem Gebot und einer Überlebensstrategie.

Bewertung der Figur

Withold Bonner wirft der Schriftstellerin, die er mit Hedda Zinner, der Großmutter von Jenny Erpenbeck, gleichsetzt, vor, sie habe »sich dem herrschenden antifaschistischen Diskurs der DDR untergeordnet, in dessen eigener Opferhierarchie die jüdischen Opfer des Holocaust erst an dritter Stelle« kämen.[33] Dagegen spricht, dass sich Hedda Zinner sehr wohl mit dem Holocaust auseinandergesetzt hat und ein Schauspiel zum KZ Ravensbrück, das 1961 an der Berliner Volksbühne aufgeführt wurde, verfasst hat.[34] Ein geplantes Fernsehstück dazu wurde 1985 verboten. Bonner verurteilt in einer biografisch fragwürdigen Lesart die Schriftstellerin, obwohl der Roman selbst auf eine moralische Bewertung verzichtet und eher die selbstkritischen Zweifel der Figur hervorhebt.

Romanperspektive

Gegenüber der DDR, die die politische Verantwortung für nationalsozialistische Verbrechen dem Westen überlassen hat, nimmt Jenny Erpenbeck mit der Thematisierung des Holocaust im Roman eine andere Perspektive ein. Der Holocaust wird Teil einer ge-

33 Withold Bonner, »Vielleicht besteht der Krieg nur in der Verwischung der Fronten«, in: *Jahrbuch Deutsch als Fremdsprache* 37 (2011) S. 39.

34 Vgl. Klaus Jarmatz (Hrsg.), *Ravensbrücker Ballade oder Faschismusbewältigung in der DDR*, Berlin 1992, S. 51, 70.

meinsamen deutschen Vergangenheit und öffnet einen Raum des gemeinsamen Erinnerns, das nicht zuletzt eine zentrale Rolle für die Festigung der kollektiven Identität darstellt.

Der Gärtner

Der Gärtner lebt nicht in Erinnerungen, sondern in der Gegenwart seiner Tätigkeit im Garten. Der Roman bricht in Bezug auf diese Figur mit einem Prinzip der Literatur, die fiktive Welt so zu gestalten, dass sie der realen Welt ähnelt und Figuren menschenähnlich wirken. Der Gärtner wird als eine Figur aufgebaut, die abweicht, rätselhaft und anders ist. Sie ist ein geheimnisvolles Wesen von eigener Art und ist daher auch nicht auf der gleichen Handlungs- und Erzählebene angesiedelt wie die anderen Figuren.

■ Eine verrätselte Figur

Andererseits ist auch der Gärtner im Hier und Jetzt der fiktiven Welt verankert und keineswegs eine ›zeitenthobene‹ Figur. Räumlich ist er dem Garten zugeordnet, einem kultivierten Stück Land, das zum Außenbezirk des Hauses gehört (siehe Abschnitt »Der erzählte Raum« in Kapitel 4). Seine Anwesenheit umfasst die größte Zeitspanne im Roman und er ist durchaus von den Veränderungen der Zeit betroffen. Er dient wechselnden Hausherren und baut den durch Krieg und Käferplage zerstörten Garten wieder auf. Er ist so eng mit dem Garten verbunden, dass sein Alterungsprozess und der Verfall des Gartens parallel verlaufen. Die Sträucher werden vom Pilz befallen

■ Zeit und Raum

(R 120 | P 125), die Bienen verschwinden (R 121 | P 126) und er kann nach einem Sturz nicht mehr arbeiten.

Verschwinden des Gärtners

Er verschwindet aus dem Erzählgeschehen, als das Grundstück nach der Wende verloren ist und die Enkelin das Haus leerräumen will (R 164 | P 170). Dieses zeitliche Zusammentreffen kann unterschiedlich gedeutet werden. In einer politischen Perspektive könnte sein Verschwinden das Scheitern und Ende des Sozialismus[35] zum Ausdruck bringen. In einer anderen hier vertretenen Lesart hat der Gärtner die Grundlage seiner gesamten Existenz verloren und ist am Ende ortlos geworden. Er war eins mit dem Garten und seiner Arbeit und hatte kein Leben außerhalb. Für ihn bleibt am Ende nichts. Seine Spuren im Schnee mögen andeuten, dass er in einen Raum gegangen ist, der jenseits der Grenzen des Hauses und Gartens und letztlich des erzählten Raumes liegt, in einen Raum, der sich dem Zugang der Bewohner dieser fiktiven Welt wie auch des Lesers entzieht.

Der Titel *Heimsuchung*

Vom Ende des Romans her lässt sich sein Titel *Heimsuchung* erschließen. Er ist vielschichtig und verschieden auslegbar. Die Verbindung zu »Mariä Heimsuchung« im ersten Kapitel des Lukas-Evangeliums (Neues Tes-

35 Mary Cosgrove, »›Heimat‹ as Nonplace and ›Terrain Vague‹ in Jenny Erpenbeck's *Heimsuchung* and Julia Schoch's *Mit der Geschwindigkeit des Sommers*«, in: *New German Critique* 116 (2012) S. 80.

tament, Lukas 1,39–56), in dem ›Heimsuchung‹ den Besuch der Jungfrau Maria bei ihrer schwangeren Cousine Elisabeth bezeichnet, liegt nahe, weiterführender sind jedoch Angaben zum gegenwärtigen Sprachgebrauch von ›Heimsuchung‹ im *Digitalen Wörterbuch der deutschen Sprache* (DWDS).[36] Danach tritt das Verb ›heimsuchen‹ in Verbindung mit schrecklichen Ereignissen (Seuchen, Massenmord, Erdbeben) und ihren Folgen – Schaden, Verwüstung und Tod – auf und bedeutet: sich jds. bemächtigen, jdn. befallen, ergreifen, überkommen, plagen, zusetzen. In diesem Sinne könnte der Romantitel interpretiert werden. Geschichtliche und politische Ereignisse sind jene Katastrophen, die die Figuren überkommen und ihnen ein Leid zufügen. Der Titel könnte auch so verstanden werden, dass die Figuren von der Suche nach Heimat und ihren Erinnerungen an verlorene Heimaten ergriffen werden.

Das Ende

Der Roman endet mit dem Abriss des Hauses, der detailliert und in einer nüchternen, technischen Sprache geschildert wird. Bagger reißen die Mauern ein und tragen den Bauschutt ab. Das Haus wird von dem Leben, das sich in ihm abgespielt hat, entkleidet und auf das bloße Material seiner Bausubstanz reduziert. Am Ende wird der ursprüngliche Naturzustand der märkischen Landschaft, der im Prolog geschildert wird,

36 *Digitales Wörterbuch der deutschen Sprache*, seit 1972 hrsg. von der Brandenburgischen Akademie der Wissenschaften.

für einen Moment wieder hergestellt: »*die Landschaft* [gleicht] *für einen kurzen Moment wieder sich selbst*« (R 183 | P 188). Damit ist der Rahmen geschlossen.

Was bleibt?

Es bleibt die Erinnerung an das, was der Roman erzählt und im Erzählen vor dem Vergessen bewahrt. Der Roman stellt nicht nur Einzelschicksale in ihrer Verflechtung mit Geschichte dar, sondern er wird selbst zu einem Raum der Erinnerung und erfüllt damit eine doppelte Funktion: Indem er von Figuren, ihren Erinnerungen, ihrer inneren Bindung an Orte und ihrer raum-zeitlichen Verankerung erzählt, stellt er Erinnerungsräume dar und zugleich fungiert er selbst als ein Erinnerungsraum. Durch die Widmung an Doris Kaplan und den hohen Realitätsgehalt des Romans scheint durch die erzählte Fiktion die reale Geschichte der jüdischen Familie aus Guben hindurch und wird vor dem Vergessen bewahrt. Der Ort selbst ist am Ende abgerissen und getilgt, aber die Geschichte dieses Ortes, der jüdischen Familie und die Flucht-/Exilgeschichten der anderen Figuren erzählt der Roman und verankert sie damit im literarischen Gedächtnis.

7. Autorin und Zeit

Die Familiengeschichte von Jenny Erpenbeck, die von Flucht und Exil gezeichnet ist, ist prägend für ihr erzählerisches Werk (siehe Abschnitt »Biografische Bezüge« in Kapitel 5).

Biografie

Kindheit

Jenny Erpenbeck wurde am 12. März 1967 in Ost-Berlin geboren. Der Vater, John Erpenbeck, ist Biophysiker, Philosoph und Romanautor und wurde 1942 in Ufa geboren. Die Mutter, Doris Kilias (1942–2008), musste mit ihrer Mutter und ihrem Bruder 1945 aus Masuren flüchten. Sie war arabisch-deutsche Übersetzerin und Professorin für Arabistik an der Humboldt-Universität zu Berlin. 1995 wurde sie entlassen.

Die Großeltern

Die Großmutter Hedda Zinner (1905–1994) stammt aus Lemberg (Ostgalizien) und wuchs in Wien auf. Sie und ihr Mann, Fritz Erpenbeck (1897–1975), waren Mitglieder der Kommunistischen Partei und emigrierten 1935 nach Moskau. Hedda Zinner arbeitete in der Sowjetunion für einen Rundfunksender. Als die deutschen Truppen kurz vor Moskau standen, wurden sie 1941 aus Moskau nach Ufa, westlich des Urals gelegen, evakuiert. 1945 kehrten sie nach Deutschland zurück und gehörten mit zur kulturellen und politischen Führungselite der DDR. Hedda Zinner war eine anerkannte Schriftstellerin und Fritz Erpenbeck Chefdramaturg der Berliner Volksbühne, Autor und Mitglied des Ministerrats der DDR.

Jugend

Jenny Erpenbeck wuchs als Kind in Berlin-Pankow in der Florastraße 2A in der Nähe der Berliner Mauer auf. Kurz vor ihrer Einschulung zog die Familie in ein Hochhaus in der Leipziger Straße 47. Sie besuchte in Berlin-Pankow acht Jahre lang die Grundschule. Später zogen ihre Eltern in einen Altbau in der Reinhardtstraße Ecke Albrechtstraße schräg gegenüber vom Deutschen Theater.

Ausbildung/Studium

Nach ihrem Abitur an der Erweiterten Oberschule in Ost-Berlin (= 12 Klassen mit Abitur) begann Jenny Erpenbeck 1985 eine zweijährige Lehre als Buchbinderin. Nach einem Jahr als Requisiteurin am Kleist-Theater in Frankfurt/Oder und an der Staatsoper Berlin studierte sie von 1988 bis 1990 Theaterwissenschaft an der Humboldt-Universität zu Berlin.

Das Ende der DDR

Der Zusammenbruch der DDR 1989 bedeutete für Jenny Erpenbeck und ihre Familie einen tiefen Einschnitt. Die Bücher ihrer Großeltern konnten nicht mehr aufgelegt werden, da ihr Verlag pleiteging. Das kulturelle und wirtschaftliche Leben veränderte sich so grundlegend, dass sie nicht mehr an die Zeit anknüpfen konnten, die vor diesem Bruch lag.

1990 wechselte Jenny Erpenbeck die Fachrichtung und studierte an der Hochschule für Musik Hanns Eisler in Berlin Musiktheater und Regie. 1993/94 machte sie ihre Diplominszenierung und schloss das

Opernregie

Opernregie-Studium mit der Inszenierung von Béla

Bartóks Oper *Herzog Blaubarts Burg* ab.[37] Während des Studiums assistierte sie dem Dramatiker Heiner Müller bei der Produktion von Richard Wagners Oper *Tristan und Isolde* für die Bayreuther Festspiele. Als diplomierte Opernregisseurin hatte sie zunächst keinen beruflichen Anschluss, jobbte und reiste.

Als Jenny Erpenbeck 27 Jahre alt war, suchte sie Material für einen Roman, der von einem Kind, das nicht erwachsen werden will, handeln sollte. Dieser Geschichte liegt eine wahre Begebenheit zugrunde, die ihre Großmutter erlebt hat. Eine Schuldirektorin war bereit, Erpenbeck unter falschem Namen in einer 11. Klasse aufzunehmen.[38] Drei Wochen nahm sie am Unterricht teil und schrieb danach ihren ersten Roman *Geschichte vom alten Kind*. Als der Roman fertig war, erhielt sie 1995 eine feste Anstellung als Regieassistentin und Abendspielleiterin an der Oper Graz. Der Roman erschien erst 1999 und war sehr erfolgreich.

■ Der erste Roman

In Graz inszenierte sie 2000 ihr eigenes Theaterstück *Katzen haben sieben Leben*. Sie lernte dort ihren Mann, den österreichischen Dirigenten Wolfgang Bozic kennen. Sie zogen nach Berlin, wo 2002 ihr Sohn geboren wurde. Es folgten die Veröffentlichung mehrerer Erzählungen, Theaterstücke und der zweite Roman *Wörterbuch* (2005).

■ Graz/Berlin

Für ihr schriftstellerisches Werk erhielt Jenny Erpenbeck zahlreiche Preise im In- und Ausland, u. a. den

■ Literaturpreise

37 Vgl. Erpenbeck (s. Anm. 16), S. 159.
38 Vgl. Erpenbeck (s. Anm. 16), S. 119 f.

Preis der Jury beim Ingeborg-Bachmann-Wettbewerb 2001 in Klagenfurt für die Erzählung *Sibirien.* 2017 bekam sie das Bundesverdienstkreuz am Bande für ihr Werk und ihre Auseinandersetzung mit gesellschaftspolitisch relevanten Themen. Der Roman *Heimsuchung* wurde 2008 mit dem Hertha-Koenig-Literaturpreis und dem Heimito-von-Doderer-Literaturpreis ausgezeichnet.

Werkübersicht

In ihren Werken, Essays, Reden und Stellungnahmen kommt immer wieder das gesellschaftspolitische Engagement der Autorin und ihre Kritik an totalitären Regimes und der deutschen und europäischen Ausländerpolitik zum Ausdruck. Den Schicksalen von Flüchtlingen und ihren Erfahrungen von Krieg, Verfolgung, Vertreibung und Flucht nach Europa ist die Autorin durch eigene Recherchen nachgegangen und hat sie in dem Roman *Gehen, ging, gegangen* (2015) verarbeitet. Typisch für Jenny Erpenbeck sind Erzählverfahren der Wiederholung, die Namenlosigkeit von Figuren, die Orientierung an der Vergangenheit, die dominante Rolle von Gegenständen des alltäglichen Lebens und Anspielungen auf andere literarische Texte.

Romane, Erzählungen

- **1999 *Geschichte vom alten Kind.*** Erzählt wird die Geschichte eines unförmigen Mädchens, das sich

Abb. 8: Jenny Erpenbeck bei der Vorstellung ihres Romans *Kairos* im Burgberggarten beim Erlanger Poetenfest 2021. –
CC BY-SA 4.0

als 14-Jährige ausgibt und in ein Kinderheim kommt. Anfangs wird sie von ihren Mitschülerinnen und Mitschülern ausgegrenzt, erwirbt sich aber deren Vertrauen, bis sich herausstellt, dass sie in Wirklichkeit eine 31-jährige Frau ist und ihre Umwelt getäuscht hat. Ihre Flucht in eine andere Altersidentität kann als eine Flucht aus der Gesellschaft und ihren Anforderungen verstanden werden. Der Roman thematisiert das Altern und gesellschaftlich normierte Vorstellungen vom Alter.

- **2001 *Tand.*** Der Band enthält zehn Erzählungen, in denen Frauen die Hauptakteure sind. Es geht um menschliche Brüche, Beziehungen, zerstörerische Eifersucht, Entfremdung Familiengeheimnisse, Lebenslügen, unerfüllte Sehnsüchte und die Suche nach der eigenen Lebensgeschichte. Der Titel spielt auf Goethes *Faust* (V. 658 f.) und Theodor Fontanes Ballade *Die Brück' am Tay* (1880) an. Die Titelerzählung *Tand* spielt in einem Haus am märkischen See und erzählt vom Alters- und Zerfallsprozess einer Großmutter und ihrer engen Bindung an die Enkelin.
- **2004 *Wörterbuch.*** Das Buch handelt von der Doppelgesichtigkeit einer (argentinischen) Militärdiktatur und der Spannung zwischen dem alltäglichen Leben eines jungen Mädchens mit ihren Eltern und einer zweiten Welt, die im Verborgenen, in den Kellern von Foltergefängnissen, liegt. Als junge Frau erfährt sie die Wahrheit über ihre Eltern und entdeckt, dass ihr Leben bislang auf einer Lüge be-

ruhte. Ihr vermeintlicher Vater ist Geheimdienstoffizier und hat ihre wahren Eltern zu Tode gefoltert. Der Titel verweist darauf, dass die Sprache die Wirklichkeit nicht abbildet, wie sie ist, sondern eine abgründige mörderische Realität zudeckt. Am Ende gelingt es ihr nicht, sich aus der emotionalen Bindung an den vermeintlichen Vater zu lösen.

- **2009** ***Dinge, die verschwinden.*** Seit 2008 schrieb Jenny Erpenbeck zweiwöchentliche Kolumnen in der *Frankfurter Allgemeinen*, die sie 2009 als Sammlung von 31 Prosatexten mit dem gleichen Titel *Dinge, die verschwinden* veröffentlichte. Erzählt wird von Alltagsgegenständen, die entwertet werden, von Orten und Gebäuden, die ihrer Geschichte beraubt werden, und von Menschen, die verstorben und vergessen sind. Alltagsdinge, Orte und Menschen werden als Teil einer Lebensform und Geschichte vergegenwärtigt und dem Vergessen entrissen.
- **2012** ***Aller Tage Abend. Roman.*** Der Roman besteht aus fünf Büchern, die alle mit dem Tod einer Frau enden. Viermal stirbt sie und kehrt wieder zurück ins Leben, bevor sie am Ende unwiderruflich stirbt. Zwischen die Kapitel schieben sich Intermezzi, Zwischenspiele, in denen die Möglichkeit durchgespielt wird, wie es wäre, wenn sie nicht gestorben wäre. Der Roman beginnt mit dem Tod eines kleinen Kindes in Galizien. Im zweiten Buch ist der Tod des Kindes zurückgenommen und es lebt als 18-jährige Frau mit seiner Familie in Wien im Jahr

1919. Die Frau stirbt und taucht im dritten Buch als 37-jährige Schriftstellerin in Moskau auf und kommt mit 41 Jahren in einem Arbeitslager um. Das vierte Buch spielt 1962 in Ost-Berlin. Die Frau ist jetzt sechzig Jahre alt und stirbt durch einen Sturz von der Treppe. Im fünften Buch lebt sie als Frau Hoffmann in einem Pflegeheim in Berlin und stirbt dann für immer.

- **2015** ***Gehen, ging, gegangen.*** Der Roman spielt 1990 in Berlin und handelt von der Begegnung eines älteren Professors für Altphilologie und einer Gruppe afrikanischer Flüchtlinge, die auf dem Berliner Oranienplatz kampieren und gegen ihre Ausweisung demonstrieren. Er befragt sie nach ihrer Lebensgeschichte. Übergreifendes Thema ist die Flucht, das Schicksal von Flüchtlingen, ihre Diskriminierung und der Verlust ihres früheren Lebens. Die Autorin erhielt für den Roman 2016 den Walter-Hasenclever-Preis und den Thomas-Mann-Preis.
- **2021** ***Kairos.*** Der Roman beginnt 1986 in Ost-Berlin und erstreckt sich über einen Zeitraum von etwa 19 Jahren. Es geht um eine Liebesgeschichte zwischen einem jungen Mädchen und einem 32 Jahre älteren, verheirateten Schriftsteller, der in den 1960er Jahren inoffizieller Mitarbeiter des Staatssicherheitsdienstes der DDR war. Es entwickelt sich eine intensive Liebesbeziehung, die langsam und quälend zu Ende geht.

Reden, Essays

- **2014** *Sich ganz weit verirren. Sich vom Verirren verirren.* Rede an die Abiturienten des Jahrgangs 2014. In ihrer Abiturrede umreißt die Autorin die Situation der Abiturientinnen und Abiturienten mit den drei Schlüsselbegriffen Grenze, Übergang und Gehen und verbindet sie mit einer Kritik an der Wohlstandsgesellschaft und der Lage von Migranten und Flüchtlingen.
- **2018** *Kein Roman. Texte und Reden 1992 bis 2018.* Dieser Band enthält Dankesreden für Literaturpreise, autobiografische Texte und vier Poetikvorlesungen an der Universität Bamberg (2013), in denen die Autorin ihre Werke kommentiert und das eigene Schreiben reflektiert. Mehrere Essays befassen sich mit literarischen Vorbildern wie Thomas Mann, musikalischen Werken, Bildern und politischen Themen wie die deutsche Flüchtlingspolitik.

Theaterstücke

- **2000** *Katzen haben sieben Leben.* UA: Vereinigte Bühnen Graz, 30. 1. 2000. Regie: Jenny Erpenbeck. In zwölf Spielszenen wird der Kampf zweier Frauen, die in wechselnden Rollen, wie Herrin und Dienerin, auftreten, um Nähe, Zerstörung, Konkurrenz, Freundschaft, Vertrauen und Eifersucht zu inszenieren. Diese Spielszenen wechseln sich mit 13 Sprechszenen ab, in denen zwei Stimmen aus dem Off das Spielgeschehen kommentieren.

- **2003** ***Leibesübungen für eine Sünderin.*** UA: Deutsches Theater Berlin, 27.3.2003. Regie: Peter Wittenberg. Es geht in dem Stück um den Umgang mit Freiheit nach der Wende. Es handelt von der Gewalt, die eine Frau anderen antut. Sie verhindert die Ausreise ihrer Tochter zu ihrem Mann im Ausland, die sich daraufhin erhängt. Sie bespitzelt ihren Mann für den Staat und treibt ihn in den Selbstmord. Bei einem Abendessen treffen alle zusammen und beschimpfen und verteidigen sich wechselseitig.
- **2011** ***Schmutzige Nacht.*** Theatertext. Frankfurt am Main: Verlag der Autoren. Als Vorlage für dieses Stück diente ein Vergewaltigungsprozess in den USA 1991. In knapper Szenenfolge mit vielen Wiederholungen und Rückblenden wird eine Handlung vorgeführt, die auf drei Ebenen spielt: im Gerichtssaal, auf der Straße, im Haus von Kennedy, der wegen Vergewaltigung von Patty verklagt wird. Es geht um Fragen von Schuld und der Fragwürdigkeit von Wahrheit.
- **2017** ***Lot.*** Libretto für eine Oper von Giorgio Battistelli. UA: Staatsoper Hannover, 28. Mai 2017. Bearbeitet wird die biblische Geschichte von Lot, der die untergehende Stadt Sodom verlassen soll. Es geht um Flucht aus zerstörten Städten, um einen aufgebrachten Mob und abgewiesene Fremde.
- **2017** ***Frau im Bikini.*** UA: Wiener Akademietheater, 27.1.2017. Regie: Barbara Frey. Ein Beitrag zur Text-

collage *Europäisches Abendmahl*, in dem fünf Autorinnen das Bild eines zerfallenden Europas skizzieren. Die Geschichten handeln von Flucht, Herrschaft, Ausbeutung und Scheitern von Frauen. Die Frau im Bikini hat Angst vor Krieg, Terror, traut sich nicht auf die Straße zu gehen und verkriecht sich auf die Bühne als letzten Schutz vor einer bedrohlichen Außenwelt.

Literaturgeschichtliche Einordnung

Mit seiner Verbindung von individueller und nationaler Geschichte, der Suche nach Heimat und den Verlusten, die mit Flucht und Vertreibung einhergehen, schließt der Roman an die seit den 1990er Jahren geführte Debatte um Erinnerung, Gedächtnis und die deutsche Geschichte in den Literatur- und Kulturwissenschaften an. Die Literatur wird in dieser Perspektive als ein Gedächtnis- und Erinnerungsraum angesehen, in dem ein Rückbezug auf die historische und biografische Vergangenheit eines Einzelnen und seiner Familiengeschichte erfolgt. Das Erinnern ist an persönliche Orte gebunden, aber auch an Orte, die in der Geschichte einer Nation eine Bedeutung haben, weil sie mit Siegen, Niederlagen und Verbrechen verbunden sind, und im Gedächtnis einer Kultur durch Bilder, Texte, Symbole oder Gedenkstätten verankert sind.[39]

39 Vgl. Assmann (s. Anm. 31), S. 13, 20 f.

Erinnerungsliteratur

Der Roman ist Teil einer Erinnerungsliteratur, indem er das Erinnern als Medium einsetzt und die Erinnerung an eine vergessene jüdische Familie, die exemplarisch für Auschwitz steht, bewahrt. Jedoch setzt er seinen eigenen Akzent, indem Geschichte nicht im privaten-intimen Raum der Familie behandelt wird und der Roman eine größere historische Zeitspanne umfasst mit verschiedenen Fluchtbewegungen und ihren Ursachen.

Fiktionalisierung von Geschichte

Der fiktive Ort von *Heimsuchung* ist selbst kein geschichtsträchtiger Ort, sondern ein unscheinbarer kleiner Ort, der für die Figuren voller Bedeutung ist. Doch ist dieser Ort nicht nur im Horizont der persönlichen Lebensgeschichten zu deuten, sondern auch im Horizont der Geschichte. Der fiktive Ort am See ist von Beginn an überschattet von den Signalen, die auf den Nationalsozialismus und seine Politik der Judenvernichtung verweisen. Mit Kulmhof, Warschauer Ghetto, KZ und Warthegau werden Orte des NS-Terrors und der Massenvernichtung, die sich in das Gedächtnis dieser Nation und Kultur eingeschrieben haben, aufgerufen und mit dem kleinen Ort am See verknüpft.

Literarische Heimatentwürfe

In der Thematisierung von Heimat steht der Roman in einer langen literarischen Tradition der Darstellung von Heimat. Verlust von Heimat und das Gefühl von Entfremdung waren grundlegende Erfahrungen von Exilautoren in den 1930er/40er Jahren wie Jean Améry (*Tortur*, 1965). In Abgrenzung von seiner nationalistischen Vereinnahmung und gefühligen, realitätsfernen Romantisierung wurden Heimat und die dörfliche Region zum Gegenstand in modernen Heimatromanen wie Andreas Maier *Das Haus* (2011) oder Katharina Hacker *Eine Dorfgeschichte* (2011). Auch im Kontext von Migrationserfahrungen und deren literarische Verarbeitung durch Autorinnen und Autoren der ersten und zweiten Einwanderungsgeneration wie Emine S. Özdamar ist Heimat ein Thema. Über den Horizont des kleinen Raumes in einem ländlichen Setting hinaus wird Heimat in den weiteren Horizont eines Menschheitsthemas gestellt und verdeutlicht, dass der Begriff ›Heimat‹ auch in der Moderne seinen Platz hat.

8. Rezeption

Literaturkritik

Die Literaturkritik hat mit wenigen Ausnahmen äußerst positiv auf den Roman reagiert und u. a. die poetische Leistung, mit der von kleinen Geschichten an einem unscheinbaren Ort und von Krieg, Vertreibung und Heimat erzählt werde, gelobt.[40] Positiv hervorgehoben wird auch das Einfühlungsvermögen der Autorin, mit der sie die Figuren und ihre Suche nach Heimat zeichnet.[41] Der Roman wurde in viele Sprachen übersetzt.

Literaturwissenschaft

Bislang liegt noch keine Monographie zu dem Roman vor. Daher fehlt eine umfassende, systematische Analyse, die die Vielschichtigkeit des Romans erschließt, erzähltheoretisch fundiert ist und einzelne Aspekte in einen schlüssigen Zusammenhang einordnet.

Erinnerung und Gedächtnis

In den vorliegenden literaturwissenschaftlichen Studien stehen die Themen Erinnerung, Erinnerungsort und historische Katastrophen im Vordergrund. Sie knüpfen an Debatten um das Genre des Familien-/Generationenromans und Erinnerungen in den Literaturwissenschaften an. Sonja Dickow[42] untersucht das spezifische Raum-Zeit-Verhältnis im Roman und akzen-

40 Vgl. Roman Bucheli, »Am Ufer des Märkischen Meers«, in: *Neue Zürcher Zeitung* (2. 2. 2008), S. 4; vgl. Martin Halter, »Das Haus am Scharmützelsee«, in: *Frankfurter Allgemeine* (aktualisiert am 22. 2. 2008), S. 1 f.

41 Vgl. Katharina Döbler, »Großmutters klein Häuschen«, in: *Zeit Online* (29. 5. 2008) Nr. 23, S. 2 f.

42 Vgl. Sonja Dickow, *Konfigurationen des (Zu-)Hauses. Dia-*

tuiert die Vergänglichkeit des Zuhauses. Sie stellt den Roman in den übergreifenden Zusammenhang von Wanderungsbewegungen des 20. Jahrhunderts und insbesondere der jüdischen Geschichte, die vom Verlust des Zuhauses, von Vertreibung, Flucht und Ermordung geprägt ist. Als einen europäischen Erinnerungstext liest Anke S. Biendarra[43] den Roman, da er die Vertreibung der europäischen Juden durch den Nationalsozialismus behandle und die Bedeutung des Holocaust für das europäische kulturelle Gedächtnis aufzeige. Hier wäre zu ergänzen, dass der Roman noch andere historische Perspektiven beinhaltet (Exil in der Sowjetunion, Zweiter Weltkrieg, DDR). Diesen Aspekt hebt Katja Schubert[44] hervor, für die ›Auschwitz‹ im Roman nicht als ein Zivilisationsbruch dargestellt werde, sondern in ein geschichtliches Vorher und Nachher im 20. Jahrhunderts eingebunden sei.

Heimatkonzepte

Ein weiterer Forschungsschwerpunkt liegt auf Heimatkonzepten im Roman und ihrem Zusammenhang

spora-Narrative und Transnationalität in jüdischen Literaturen der Gegenwart, Berlin 2019, S. 7, 85.

43 Vgl. Anke S. Biendarra, »Jenny Erpenbecks Romane *Heimsuchung* (2008) und *Aller Tage Abend* (2012) als europäische Erinnerungsorte«, in: *Wahrheit und Täuschung. Beiträge zum Werk Jenny Erpenbecks*, hrsg. von Friedhelm Marx und Julia Schöll, Göttingen 2014, S. 126.

44 Vgl. Katja Schubert, »Kein Zivilisationsbruch. Wahrscheinliche Geschichte. *Heimsuchung* (2007) und *Aller Tage Abend* (2012) von Jenny Erpenbeck«, in: *Störfall? Auschwitz und die ostdeutsche Literatur nach 1989*, hrsg. von Carola Hähnel-Mesnard und Katja Schubert, Berlin 2016, S. 107.

mit Erinnerung und Identität.[45] Im Gegensatz zu häuslichen Idyllen der Heimatliteratur werde das Haus nicht als ein Ort heimeliger Geborgenheit inszeniert, sondern als Ort der Vertreibung und Zerstörung. Für Monika Shafi steht Heimat im Mittelpunkt des Romans. Sie bedeute die Zugehörigkeit zu einem Ort, die zugleich die Vertreibung einschließe.[46]

Gegenüber der vorherrschenden Tendenz, den Roman im Kontext der Holocaust-Erinnerungsliteratur zu interpretieren und sich auf die Geschichte der jüdischen Familie zu konzentrieren, legt Mary Cosgrove[47] den Schwerpunkt auf die DDR-Zeit und schlägt eine politische Lesart vor. Für sie ist die provinzielle Heimat im Roman ein Nicht-Ort (*nonplace*), ein flüchtiger, unzuverlässiger Ort, der den Figuren nur vorübergehend Heimat biete. Im Abriss des Hauses spiegele sich eine negative Sicht auf die deutsche Wiedervereinigung, weil sie den Verlust von Haus und Heimat mit sich bringe.

Politische Lesart

Inga Probst und Katharina Gerstenberger[48] akzen-

45 Vgl. Kathrin Schuchmann, »›Die Zeit scheint ihr zur Verfügung zu stehen wie ein Haus‹ – Heimat und Erinnerung in Jenny Erpenbecks *Heimsuchung*«, in: *Zagreber Germanistische Beiträge* 22 (2013) H. 1, S. 55, 63.

46 Vgl. Monika Shafi, *Housebound. Selfhood and Domestic Space in Contemporary German Fiction*, Rochester / New York 2012, S. 39 f.

47 Vgl. Cosgrove (s. Anm. 35), S. 68, 80.

48 Vgl. Inga Probst, »Auf märkischem Sand gebaut. Jenny Erpenbecks *Heimsuchung* zwischen verorteter und verkörperter Erinnerung«, in: *Geschlechtergedächtnisse. Gender-Konstellationen und Erinnerungsmuster in Literatur und Film der*

tuieren genderbezogene Aspekte und den Zusammenhang von Erinnerung, sozialem Geschlecht (*gender*) und Körper im Roman. In dieser Sicht sind Erinnerungen abhängig vom Geschlecht dessen, der sich erinnert, und sie finden Ausdruck im Körper, der zum Träger von Erinnerungen wird. Das zeige sich im Roman am Haus, das durch seine Personifikation Erinnerungskörper werde, und an Frauen, die zu Opfern genderspezifischer Gewalt und männlicher Machtausübung würden.

Gender und Erinnerung

Die Beziehung von Gegenständen und dem historischen Kontext im Roman untersucht Gillian Pye[49] und arbeitet ihre Bedeutung als Träger von Erinnerungen heraus. Den hohen Stellenwert des materiellen Bereichs im Werk von Jenny Erpenbeck und insbesondere in diesem Roman stellt auch Julia Schöll heraus.[50]

Funktion von Gegenständen

Mediale Verwertungen des Romans liegen zurzeit kaum vor. Es gibt eine Bühnenfassung, die am 16. April 2010 in Gera uraufgeführt wurde, ein Hörspiel *Kann man Heimat bauen?: »Heimsuchung«*, ge-

Mediale Adaptionen

Gegenwart, hrsg. von Ilse Nagelschmidt, Inga Probst und Torsten Erdbrügger, Berlin 2010, S. 87. Vgl. Katharina Gerstenberger, »Fictionalizations: Holocaust Memory and the Generational Construct in the Works of Contemporary Women Writers«, in: *Generational Shifts in Contemporary German Culture*, hrsg. von Laurel Cohen-Pfister und Susanne Vees-Gulani, Rochester / New York 2010, S. 110.

49 Vgl. Pye (s. Anm. 4), S. 117 f.

50 Vgl. Julia Schöll, »Wörter und Dinge. Jenny Erpenbecks Text- und Objektästhetik«, in: *Wahrheit und Täuschung. Beiträge zum Werk Jenny Erpenbecks*, (s. Anm. 43).

sendet am 23. 8. 2019, und ein Hörbuch von 2016, gesprochen von Jenny Erpenbeck.

Mit seinen Geschichten von Heimatverlust, Flucht, Vertreibung und Exil berührt der Roman Themen der Gegenwart. Angesichts weltweiter Migrationsbewegungen, bedingt durch Kriege, Gewalt, Verfolgung oder Armut, ist der Verlust von Heimat eine lebendige Erfahrung vieler Menschen. Sie ist verbunden mit der Hoffnung auf Heimkehr oder auf eine neue Heimat, aber auch geprägt von Gewalt, Ausgrenzung und Diskriminierung.

Aktualität

Da der Heimatbegriff politisch instrumentalisiert werden kann, um Menschen auszugrenzen und Feindbilder aufzubauen, gilt es, dem einen Heimatbegriff entgegenzusetzen, der von Akzeptanz und Offenheit gegenüber dem Anderen und Fremden ausgeht und ihnen einen Platz einräumt.

Mit der Behandlung des Holocaust wird die Frage nach der Relevanz der eigenen Geschichte für die Gegenwart und dem Umgang mit dem Nationalsozialismus und seiner Vernichtungspolitik im modernen Deutschland aufgeworfen. In der literarischen Darstellung des Holocaust wendet der Roman sich gegen die Gefahr des Vergessens, der verfälschenden Umdeutung von Geschichte, indem Ursache und Wirkung verkehrt werden, der Holocaust geleugnet oder relativiert wird und aus Tätern Opfer werden.

9. Wort- und Sacherläuterungen

R 9,8 f. | P 9,8 f. **Säbelzahnkatze:** ein Raubtier.

R 9,26 f. | P 10,3 f. **Zungen des Gletschers:** Der untere, oft zungenförmige Teil eines Gletschers wird als Zunge bezeichnet.

R 9,30 | P 10,7 **Toteis:** Eis, das nicht mehr mit einem Gletscher verbunden ist, sich nicht mehr bewegt und von Sand bedeckt ist.

R 10,20 f. | P 10,28 **Märkisches Meer:** Bezeichnung des Scharmützelsees von Theodor Fontane in *Wanderungen durch die Mark Brandenburg. Spreeland* (1882).

R 10,26 f. | P 11,3 **Desertifikation:** Wüstenbildung infolge der Zerstörung von Böden, Vegetation und Wasser.

R 11,4 | P 13,4 **okuliert:** veredelt.

R 11,6 | P 13,6 **kopuliert:** veredelt.

R 11,7 | P 13,7 **schäftet:** schäften: verbinden zweier Werkstücke, z. B. Holzteile.

R 11,10 f. | P 13,10 **umgepfropft:** umpfropfen: ein angespitzter Zweig/Reisig wird in den angeschnittenen Stamm einer Jungpflanze gesteckt. Eine Technik der Pflanzenveredelung.

R 11,13 | P 13,13 **Hocken:** Heuhaufen, die zum Trocknen aufgestellt werden.

R 11,14 f. | P 13,14 **Parzellen:** frz. *parcelle*: ›Teilchen, Stückchen‹; ein Stück Land zur landwirtschaftlichen Nutzung.

R 11,16 | P 13,15 **Fichtenreisig:** Zweige der Fichte.

R 11,19 | P 13,18 **Eggen:** Egge: Gerät mit Zinken/Scheiben zum Zerkleinern von Erdschollen und Auflockern des Bodens.

R 12,14 | P 14,15 **Hundstagen:** Der Name ›Hundstage‹ leitet sich vom Sternbild Großer Hund ab, dessen hellster Stern der Sirius ist. Er bezeichnete die heißen Tage zwischen dem 23. Juli und 23. August; die Zeit hat sich inzwischen um etwa vier Wochen verschoben.

R 12,17 | P 14,18 **Marterwoche:** die Karwoche, die Woche vor Ostern, in der die Qual Jesu Christi begann.

R 13,1 | P 15,7 **Polterabend:** der Abend vor einer Hochzeit, auf dem Porzellan und Geschirr zerbrochen wird, weil es dem Brautpaar Glück bringen soll.

R 13,26 | P 15,32 **Krebsgang:** beschreibt einen Rückgang oder ein Zurückgehen.

R 14,15 | P 16,19 **Schulze:** Vorsteher eines Dorfes, der die Abgaben für den Grundherrn einfordert.

R 15,18 | P 17, 23 **Klotthofstelle:** Familienbauernhof.

R 16,1 | P 18,3 **Molle:** ein Backtrog oder ein Gefäß, um Getreidesaat mit der Hand zu verteilen.

R 16,1 | P 18,3 **Maurerkelle:** ein Werkzeug zur Verarbeitung von Mörtel beim Mauern oder Putzen.

R 17,1 | P 19,1 **Handarbeiter:** Handwerker.

R 17,2 | P 19,2 **drischt:** dreschen: Herauslösen von Getreidekörnern aus Getreide.

R 17,4 f. | P 19,4 f. **Dreschflegel:** ein bäuerliches Gerät, um das Getreide nach der Ernte zu dreschen und die Getreidekörner aus den Ähren zu lösen.

R 17,18 f. | P 19,18 **Kontributionen:** eine von Besatzungstruppen in einem feindlichen Land erzwungene Erhebung von Geldbeträgen.

R 17,20 | P 19,19 f. **Holzungen:** Holzung: Schlag von einem kleinen Wald/Waldbäumen.

R 18,29 | P 20,27 **Vesper:** christlicher Gottesdienst am frühen Abend.

R 20,14 | P 22,12 **Kübel:** Eimer, Behälter aus Holz, Leder, Metall mit zwei Henkeln.

R 22,20 f. | P 24,16 f. **Guben:** Ort in Brandenburg, Niederlausitz, an der Neiße, Grenze zu Polen.

R 23,27 | P 25,21 f. **Ortsbauernführer:** Vertreter der Bauernschaft seines Dorfes und Leiter der kleinsten Einheit des Reichsnährstandes (Organisation der nationalsozialistischen Agrarpolitik, gegr. 1933).

R 24,29 | P 26,22 **Abdecker:** beseitigt tote Tiere.

R 25,3 | P 27,3 **Reet:** an Ufern oder im Sumpfgelände wachsendes Schilfrohr, das zur Dacheindeckung verwendet wird.

R 25,16 | P 27,16 **Büdner:** ein Kleinbauer, Besitzer eines kleinen ländlichen Anwesens, einer Büdnerei, abgeleitet vom Wort »Bude«.

R 25,18 | P 27,17 f. **Boxer Louis:** war in den 1930er Jahren ein US-amerikanischer Boxweltmeister im Schwergewicht. Er wurde 1936 von Max Schmeling in der 12. Runde durch K. o. besiegt.

R 25,24 | P 28,2 **Thoracken:** Joseph Thorak (1889–1952), beliebter Bildhauer in der NS-Zeit, erhielt 1937 eine Professur an der Hochschule für Bildende Künste in München; besaß eine Villa Am Dudel 1, am Pieskower Hals in Saarow am Scharmützelsee.

R 26,22 | P 28,28 f. **Schilfbünde**: Bündel von Schilf.

R 27,9 | P 29,15 **Holunder:** norddt. Fliederbeerbusch, trägt Holunderbeeren als Früchte.

R 27,15 | P 28,21 **Forsythien:** Ziersträuche in Gärten und Parkanlagen; gehört zur Familie der Ölbaumgewächse.

R 27,16 | P 28,22 **Rhododendren:** Rhododendron: Alpenrose, ein Blütenstrauch.

R 27,21 | P 29,27 **Rotdorn:** eine Pflanzenart in der Familie der Rosengewächse.

R 29,16 | P 31,22 **Humus:** (lat. *humus*) Erde, Erdboden: die organische Bodensubstanz.

R 29,17 | P 31,22 f. **Ortsteinschicht:** der harte, wasserundurchlässige Bereich im Erdboden.

R 30,1 | P 32, 6 **Komposterde:** Gartenerde mit Kompost (Naturdünger aus Pflanzen) vermischt; dient der Düngung, Bodenverbesserung und Schädlingsabwehr.

R 31,28 | P 35,5 f. **Ruhet in Frieden:** ein Trauerspruch, Grabinschrift.

R 32,19 | P 35,25 **Harken:** Gartengeräte zum Glätten von Gartenbeeten und Wegen.

R 32,19 | P 35,25 **Rechen:** Gartengeräte mit Stiel und einem Rechenbalken mit angesetzten Zinken, um Laub, Heu und kleine Äste zusammenzuziehen und den Boden zu bearbeiten.

R 33,27 | P 36,29 **Zeiß Ikon:** Unternehmen, das weltmarktführend in der Produktion von Schmalfilmkameras war, stellte außer optischen Geräten auch Türschlösser und Autoteile her.

R 34,8 | P 37,9 f. **Garten Eden:** das irdische Paradies, aus dem der Mensch vertrieben wurde.

R 34,25 f. | P 37,26 **Reichssegelflugschule:** diente der Flugschulung der Hitler-Jugend. Sie wurde auf den enteigneten Ländereien der Verlegerfamilie Mosse aufgebaut und ist heute das Gebiet des Flughafens Schönhagen in Brandenburg.

R 34,29 | P 37,30 **die vierte:** vierte Dimension: Seit Albert Einsteins Relativitätstheorie (1905) gilt die Zeit als die vierte Dimension zu den drei Dimensionen des Raumes (Höhe, Breite, Tiefe). Jedes Objekt wird nicht nur durch sein Volumen beschrieben, sondern zusätzlich durch seine Ausdehnung in der Zeit.

R 36,10 | P 39,8 f. **Luftschiff:** ein Luftfahrzeug.

R 36,24 | P 39,22 **Deutsches Stellungsgebiet:** 1914 erklärte Deutschland Frankreich den Krieg und deutsche Truppen marschierten in das neutrale Belgien ein und besetzten es.

R 37,1 f. | P 39,29 f. **Mannesmann Luftschutz:** massive Stahlgitter, die zu Luftschutzkellern im Zweiten Weltkrieg gehörten. Sie dienten der Abdeckung von Lüftungs- und Notausstiegsschächten im zivilen Luftschutz.

R 38,11 | P 41,6 **Scholle:** das bewirtschaftete Land eines Bauern. Gehört zum Vokabular der Blut-und-Boden-Ideologie des Nationalsozialismus.

R 38,12 | P 41,7 **Ostzone:** sowjetische Besatzungszone nach 1945.

R 38,19 | P 41, 14 **Speer:** Albert Speer (1905–1981) war Architekt, Generalbauinspektor der Reichshauptstadt und ab 1942 Reichsminister für Bewaffnung und Munition. Er wurde nach 1945 beim Nürnberger Prozess als Kriegsverbrecher zu 20 Jahren Gefängnis verurteilt.

R 39,19 | P 42,12 **Dürer:** Albrecht Dürer (1471–1528) war Maler und Grafiker in Nürnberg, bedeutender Vertreter der Renaissance.

R 39,26 | P 42,19 **Feldsteine:** Natursteine.

R 39,27 | P 42,19 **Reibeputz:** beim Mauern Putz aus Kalk.

R 39,28 f. | P 42,21 **traufständigem Bereich:** Dachtraufe/

Traufe: Tropfkante eines Daches, von dem aus das Regenwasser abfließen kann.

R 39,29 | P 42,21 **Schleppgaube:** eine rechteckige Fensterfront, über der sich ein Dach mit flacher Neigung befindet.

R 40,26 | P 43,18 **Reichskulturkammer:** eine Institution des Nationalsozialismus, gegründet 1933 in Berlin, Präsident war Joseph Goebbels. Sie diente der Gleichschaltung, Überwachung und Kontrolle des kulturellen Lebens.

R 40,27 f. | P 43,19 f. **arischen Abstammung:** Nach der Rassenideologie der Nationalsozialisten gehören Deutsche zu einer übergeordneten ›Rasse‹, die als ›Arier‹ bezeichnet wurde. Nur der galt als arisch, der von nicht-jüdischen Eltern und Großeltern abstammte. Der Nachweis arischer Abstammung diente als Beleg für die Zugehörigkeit zur arischen Volksgemeinschaft.

R 41,9 | P 43,30 **Werg:** ein Arbeitsstoff aus Fasern, die bei der Verarbeitung von Hanf oder Flachs abfallen. Es verbrennt schnell zu feiner Asche. Könnte auf das Alte Testament, Buch Jesaja 1,31, anspielen: »Dann wird der Starke zu Werg / und sein Tun zum zündenden Funken; beide verbrennen zusammen / und niemand kann löschen.«

R 41,26 | P 44,15 **Baron Münchhausen:** ein Erzähler von Geschichten/Lügengeschichten. Ein deutscher Adliger aus dem Kurfürstentum Braunschweig-Lüneburg (1720–1797).

R 43,4 f. | P 46,4 f. **Engelstrompetenbusch:** Engelstrompeten gehören zu den Nachtschattengewächsen, haben 2–5 Meter hohe Sträucher, große Blätter und Blüten, die an einem langen Stil herabhängen.

R 43,20 | P 46,20 **Kartoffelkäfer:** ein Käfer, der die Kartoffelbestände vernichtet. Diese Plage hat es in den 1930er Jahren tatsächlich in Europa gegeben.

R 43,25 | P 47,3 **Nachtschattengewächs:** gehört zu den Samenpflanzen. Typisch sind fünfzählige Blüten mit verwachsenen Kelchblättern (Blatt im Kelch der Blütenhülle einer Blüte).

R 45,15 | P 48,15 **Bougainvillea-Strauchs:** Bougainvillea: ein tropischer Kletterstrauch.

R 45,18 | P 48,18 **Adler:** Adler Trumpf ist ein PKW-Modell, das ab 1932 von den Adler-Werken mit Sitz in Frankfurt a. M. angeboten wurde.

R 45,28 | P 49,7 **Mk.:** Mark, Reichsmark (RM); gesetzliches Zahlungsmittel im Deutschen Reich von 1924 bis 1938.

R 46,3 | P 49,10 **Knickerbockern:** Knickerbocker: eine wadenlange, weite Hose, die am Knie abgeschlossen ist.

R 46,4 | P 49,11 **Heil:** verkürzter Hitlergruß »Heil Hitler«.

R 46,16 | P 49,23 **Bergkette:** auf dem Kap, einer Halbinsel Südafrikas.

R 48,9 | P 51,14 **Why does Lametta hang on the tree:** (engl.) »Warum hängt das Lametta am Baum.«

R 48,10 | P 51,15 **It is supposed to look as if:** (engl.) »Es soll so aussehen als ob«.

R 48,13 f. | P 51,17 f. **A deep forest […] in which the ground and all branches:** (engl.) »Ein dichter Wald, in dem der Boden und alle Zweige/Äste«.

R 48,27 | P 52,3 **Céleste:** eine Strauchrose.

R 48,27 f. | P 52,3 f. **New Dawn:** eine Kletterrose.

R 49,20 | P 52,25 **Eukalyptusbäume:** ursprüngliche Heimat ist Australien, werden bis zu 60 m hoch.

R 51,19 f. | P 54,21 **in Abrahams Wurschtkessel:** eine Redensart, die besagt, dass jemand noch nicht geboren ist. Angeregt von einem Satz im Hebräerbrief (7,10) des Neuen Testaments: Levi war, als sein Urgroßvater dem Hohepriester Melchisedek begegnete, noch »in Abrahams Lende«.

R 53,1 f. | P 56,1 **ein C in seinen Paß:** eine diskriminierende Markierung von ›Schwarzen‹ während der Apartheit in Südafrika.

R 55,14 | P 58,10 f. **am Brunnen vor dem Tore:** der 1. Vers des Gedichts »Der Lindenbaum« aus dem Gedichtzyklus »Wanderlieder von Wilhelm Müller. Die Winterreise. In 12 Liedern« (1823).

R 55,25 | P 58,22 **Tafelberg:** höchste Erhebung einer Bergkette auf dem Kap, einer Halbinsel Südafrikas, an deren Ende sich das Kap der Guten Hoffnung befindet.

R 56,28| P 59,23 f. **Kapstadt:** Stadt in Südafrika.

R 56,28 | P 60,16 **Als Holland in den Krieg eintritt:** Holland wurde am 10. Mai 1940 von den Deutschen angegriffen; ab dem 15. Mai erfolgte eine fünfjährige Besatzungszeit.

R 58,1 | P 60,24 **Kulmhof:** (poln. Chełmno) das erste Vernichtungslager in Polen/Warthegau von 1941 bis März 1943. Ab Sommer 1944 wurde es zur Ermordung von Juden des Ghettos Litzmannstadt (Ghetto Lodsch) genutzt.

R 58,2 | P 60,25 **Gaswagen:** eine mobile Gaskammer.

R 58,14 | P 61,7 **Mutterstadt:** (afrikaans *moederstad*) so wurde Kapstadt genannt, weil es die erste Stadtgründung der südafrikanischen Kolonialzeit war.

R 58,17 | P 61,10 **Fleckfieber:** eine Infektionskrankheit mit hohem Fieber und Hautausschlag.

R 59,20 | P 62,19 **Drainage-Leitung:** Vorrichtung zum gezielten Abführen von Wasser durch Rohre oder Leitungen, dient der Entwässerung.

R 60,16 | P 64,15 **Großmogul:** muslimischer Herrscher.

R 60,16 | P 64,16 **Großkonsul:** eine Amtsperson, die von einem Staat in ein fremdes Land entsandt wird und dort die Interessen von Staatsangehörigen vertritt.

R 67,9 | P 71,4 **Filmregisseur:** Hellmuth Hans Zerlett, der 1939 den antisemitischen Film *Robert und Bertram* drehte. Es ist die Geschichte zweier Vagabunden, die in das Haus des »reichen jüdischen Schiebers Ipplmeier« einbrechen (in: *Film-Kurier* Nr. 14, 17. 1. 1939).

R 67,10 f. | P 71,5 f. **arische Schauspieler:** »arisch« meint im Nationalsozialismus die Zugehörigkeit zum arischen (deutschen und nicht-jüdischen) Volksstamm.

R 67,11 f. | P 71,6 **jüdischen Schiebers Ipplmeier:** Rolle in dem Film von H. H. Zerlett.

R 67,12 | P 71,7 **Semiten:** veralteter Begriff für Völker, die semitische Sprachen sprechen. Im Rahmen der nationalsozialistischen Rassentheorie eine Bezeichnung für Juden. Sie wurden als minderwertig angesehen.

R 67,13 f. | P 71, 7–8 **Bei den Probeaufnahmen … wie waschechte:** Die Formulierung geht auf den Beitrag von H. H. Zerlett in *Film-Kurier* Nr. 14 vom 17. 1. 1939 zurück. Es heißt dort: »Es ist selbstverständlich, dass die sechs jüdischen Rollen, die vorkommen, mit Nichtjuden besetzt werden mussten, aber die Masken […] sind so echt, dass niemand an der Waschechtheit meiner Semiten zweifeln wird.«

R 67,21 | P 71,16 **junge Republik:** gemeint ist die DDR, die am 7. 10. 1949 gegründet wurde.

R 67,23 f. | P 71, 18 **zum dritten Jahrestag:** (der DDR) 1952.

R 68,22 | P 72,14 **6. Armee:** Im August 1942 erfolgte der Angriff der Deutschen auf Stalingrad; 1943 wurde der Kampf eingestellt.

R 68,23 | P 72,15 **fliegende Hitze:** Hinweis auf das Klimakterium, die Wechseljahre der Frau.

R 68,26 f. | P 72,18 f. **Russen marschierten auf Polen zu:** 1939; im Rahmen des Hitler-Stalin-Paktes.

R 68,30 | P 72,21 **Alliierten:** Alliierte: Verbündete, die im Zweiten Weltkrieg gegen Deutschland kämpften: USA, Großbritannien, Frankreich, Sowjetunion. Die Invasion der Vereinigten Staaten und Großbritanniens begann am 6. Juni 1944 in der Normandie.

R 69,27 | P 73,16 f. **Schlacht bei den Seelower Höhen:** fand vom 16. bis 19. April 1945 am Oderbruch statt. Sie eröffnete die Schlacht um Berlin und endete mit dem Sieg der Sowjetunion.

R 70,13 | P 74,2 **Reichshauptstadt:** Berlin fiel in der letzten Schlacht um die Hauptstadt vom 16. April bis zum 2. Mai 1945 und wurde durch die Rote Armee unter Beteiligung polnischer Verbände besetzt.

R 70,28 f. | P 74,17 **Schauspieler Liedtke:** Harry Liedtke: Publikumsliebling in den 1920er Jahren, befreundet mit Baldur von Schirach, dem Reichsjugendführer der NSDAP. Er wurde von Rotarmisten am 28. April 1945 erschlagen, als er seine Ehefrau vor ihnen schützen wollte.

R 71,9 | P 74,28 **Reifenkombinats:** Das Reifenkombinat in Fürstenwalde an der Spree war in den 1980er Jahren das größte Kombinat (= ein Zusammenschluss von Industriebetrieben zu einem Großbetrieb) der DDR.

R 73,8 | P 77,8 **Schleuderraum:** Raum zum Schleudern des Honigs. Dabei wird der Honig durch Drehen des Schleuderkorbes aus den Wabenzellen gezogen.

R 73,14 | P 77,14 **Zwangsarbeiter:** Arbeiter, die zu einer Tätigkeit gezwungen wurden. Der Warthegau wurde zum Arbeitskräftereservoir für das Deutsche Reich.

R 76,25 | P 81,29 **Nowolipiestraße:** jüdische Straße im Warschauer Ghetto, das Mitte 1940 als Sammellager für Juden aus Warschau, Polen und dem deutschen Reichsgebiet errichtet wurde. Von hier aus erfolgte die Deportation in das Vernichtungslager Treblinka.

R 78,24 f. | P 83,26 **Hohenzollernplatz:** Platz in Berlin Wilmersdorf, benannt nach dem deutschen Kaiserhaus der Hohenzollern, 1930 wurde dort eine evangelische Kirche erbaut.

R 78,30 | P 83,31 **Berlin-Moabit:** Ortsteil von Berlin, Bezirk Mitte.

R 80,6–9 | P 85,5–8 **Sienna, Panska und Twarda … Mila:** Straßen im Warschauer Ghetto.

R 82,4 | P 86,29 f. **Autobahnbau:** Ab 1933 wurden die Reichsautobahnen weiter ausgebaut.

R 82,24 | P 87,18 **Gesia:** Straße im Warschauer Ghetto.

R 82,28 | P 87,22 **»Heimatlos«:** ein französischer Jugendbuchklassiker von Hector Malot (1878).

R 83,23 | P 88,15 **Ziehharmonika:** auch Handharmonika genannt, ist ein Musikinstrument mit einem Balg. Beim Zudrücken und Aufziehen entsteht ein Luftstrom, der Töne erzeugt.

R 83,26 | P 88,18 **Quartier:** gemeint ist das Warschauer Ghetto.

R 85,7 | P 89,26 **Werterfassungskommando:** eine militärisch geführte Einheit, die den Wert materieller Güter erfasst.

R 85,23 | P 90,12 **Schmeling:** Max Schmeling (1905–2005), ein Schwergewichtsboxer und Weltmeister.

R 88,9 | P 93,8 **Dollen:** Ruderlager, dienen der Befestigung des Ruders.

R 102,20 | P 107,18 **Waben:** Bienenwabe, sechseckige Zellen von Bienen aus Bienenwachs errichtet, um Honig zu lagern oder Larven aufzuziehen.

R 105,28 f. | P 110,29 f. **staatliche Handelsorganisation OGS:** Unternehmen der DDR für den Großhandel von Obst, Gemüse, Speisekartoffeln.

R 107,6 | P 112,6 **Blatt Bütten:** Büttenpapier, Papier, das mit einem Sieb aus der Bütte, einer Wanne, geschöpft wird.

R 107,17 | P 112,17 **Illegalität:** Zustand der Ungesetzlichkeit, Leben im Geheimen.

R 109,12 | P 114,16 **Ufa:** Hauptstadt von Baschkirien, 100 km westlich des Ural gelegen.

R 109,12 | P 114,16 **Baschkirien:** Republik am Ostrand des europäischen Russlands.

R 109,25 | P 114,29 **Barbaren:** abgeleitet von gr. *bárbaros* ›nichtgriechisch‹. Für die Römer und Griechen war der *bárbaros* der Fremde, der von jenseits der eigenen Grenze von Sprache und Kultur kam und weder ihre Sprache noch ihre Sitten kannte. Sie grenzten sich damit räumlich von Fremden ab.

R 109,28 | P 115,1 **Warthegau:** von 1939 bis 1945 ein Reichsgau (staatlicher Verwaltungsbezirk); das Gebiet kam nach der völkerrechtswidrigen Besetzung Polens zum Deutschen

Reich. Zwischen 1939 und 1941 wurden dort die größten Ghettos in Warschau und Litzmannstadt, die als Sammellager für die Deportation in deutsche Vernichtungslager (z. B. Treblinka) dienten, errichtet und Polen und Juden vertrieben, um ›Volksdeutsche‹ dort anzusiedeln.

R 110,10 | P 115,13 **Ural:** ein Gebirge im mittleren Westen Russlands, 2200 km lang.

R 110,13 | P 115,16 **Roten Armee:** Rote Armee: Heer und Luftstreitkräfte Sowjetrusslands bzw. ab 1922 der Sowjetunion.

R 111,3 | P 116,5 **Warte nur, balde:** Die letzten Verse von Goethes Gedicht »Über allen Gipfeln« (1780): »Warte nur! Balde / Ruhest du auch«.

R 111,29 | P 116,29 f. **Schäferbergs:** Schäferberg: Erhebung im Ortsteil Wannsee von Berlin.

R 112,1 | P 117,1 **Feuersteine:** besondere Formen von Kieselgestein.

R 112,1 | P 117,1 **Kiesel:** lockerer Gesteinsboden.

R 112,1 | P 117,1 **Quarz:** ein Mineral.

R 112,2 | P 117,1 f. **Granit:** ein Tiefengestein, enthält viel Quarz.

R 112,20 | P 117,19 **Überfall Hitlers auf die Sowjetunion:** fand am 22. Juni 1941 statt.

R 113,3 | P 117,31 **Kommunistin:** Mitglied der Kommunistischen Partei Deutschlands (KPD), die 1933 verboten wurde. Die Kommunisten wurden für den Reichstagsbrand am 27./28. Februar 1933 verantwortlich gemacht und während der NS-Zeit verfolgt.

R 113,6 | P 118,3 f. **als Juden bekannte Genossen verschwunden waren:** Unter Stalin gab es einen enormen Antisemitismus. Der Zugang zur Universität war für Juden begrenzt und sie durften keine Spitzenpositionen und Regierungsämter einnehmen.

R 113,11 | P 118,8 **Nowosibirsk:** Stadt in Sibirien im Süden Russlands.

R 113,13 | P 118,10 **deutscher Maler:** gemeint ist Heinrich Vogeler (1872–1942), der zur Künstlerkolonie Worpswede gehörte, 1931 in die Sowjetunion ging und 1941 mit dem Überfall Hitlers auf die Sowjetunion nach Kasachstan zwangsevakuiert wurde. Er musste am Staudamm mitarbeiten und starb an körperlicher Schwäche/Hunger.

R 113,17 | P 118,14 **Der Dichter:** gemeint ist der Schriftsteller Johannes R. Becher (1891–1958), der in den 1930er Jahren im sowjetischen Exil unter Stalin lebte und später Kulturminister der DDR wurde.

R 113,17 f. | P 118,14 f. **in einem Gedicht:** Das Gedicht heißt »Die Heimkehr«. Wörtlich heißt es darin: »Seit ihrer Rückkehr – / Ihr Leben wie auf einer Fähre / in einem anderen Land.«

R 117,27 | P 122,18 **Plan-Soll:** ein zu erreichender Wert.

R 117,28 | P 122,19 **Silos:** (span. *silo*) Speicher für Getreide, Futtermittel oder Zement.

R 120,3 f. | P 125,9 **Nachtspeicheranlage:** eine elektrisch betriebene Heizung.

R 120,8 | P 125,14 **Spinnmilben:** Spinnentiere an der Unterseite von Blättern, die sich vom Pflanzensaft ernähren.

R 121,5 | P 126,8 f. **Reisig:** dünne Zweige.

R 121,17 f. | P 126,21 **Rodung:** Beseitigung von Wald/Bäumen zur Gewinnung landwirtschaftlicher Nutz- oder Siedlungsflächen.

R 121,22 | P 126,26 **Tausendfüßler:** ein Unterstamm der Gliederfüßer (Insekten, Krebse, Spinnentiere) mit bis zu 750 Füßen.

R 121,22 | P 126,26 **Asseln:** gehören zur Klasse der Höheren Krebse, leben ursprünglich im Meer, sind aber auch an Land zu finden.

R 121,25 | P 126,29 **Blasrohr:** bis zu 3 m langes Rohr aus Holz/Bambus, aus dem Pfeile oder Tonkugeln geschossen werden; Einsatz bei der Jagd, in der Tiermedizin oder als Spielzeug.

R 124,16 | P 129,20 **Löwenzahn:** eine krautige Pflanze.

R 125,28 | P 130,30 **Kleereiber:** Maschine zur Getreidebearbeitung.

R 127,25 f. | P 132,25 f. **masurischen Seen:** masurische Seen: Seenlandschaft in Polen, früher Ostpreußen.

R 128,15 f. | P 133,14 **Sommerfrische:** ein Erholungsort für Städter auf dem Lande.

R 129,6 | P 134,3 **Krätze:** ansteckende Hautkrankheit.

R 136,6 | P 141,8 **Trichter:** Gerät, mit dem man eine Flüssigkeit in ein Gefäß mit kleiner Öffnung, z. B. eine Flasche, füllt.

R 140,5 f. | P 145,7 **eingekascht:** gefangen, gestellt.

R 142,14 | P 147,12 **Durchkentern:** Weiterdrehen eines Schiffes um die Längsachse.

R 144,7 | P 148,31 **Riesengebirge:** das höchste Gebirge Tschechiens und Schlesiens.

R 145,27 | P 150,19 **Dioramen:** Singular Diorama (altgriech. ›hindurchsehen‹), Schaukästen, in denen Szenen, Figuren, Tiere, Landschaften dargestellt werden.

R 146,4 | P 150,26 **Katakombe**: unterirdisches Gewölbe zur Bestattung von Toten.

R 146,28 | P 151,17 **Kaderakten:** in der DDR Dossiers über Beschäftigte mit Angaben zu Leistungen, Verhaltensweisen, Einstellungen und Fehlern.

R 146,30 | P 151,19 **grünen Grenze**: grüne Grenze: innerdeutsche Grenze bzw. eine Landgrenze zwischen Übergangsstellen.

R 147,14 | P 152,1 **Elbwiesen:** Grünflächen direkt an der Elbe, z. B. in Dresden oder Hamburg.

R 149,15 f. | P 153,29 **Produktion:** Betriebe, in denen etwas hergestellt, bearbeitet oder verarbeitet wird.

R 151,3 | P 157,3 **Schilfdach:** auch Reetdach, Dach aus Schilfrohr.

R 152,7 | P 158,13 f. **Kolben vom Schilf:** Schilf ist eine Sumpfpflanze.

R 155,16 | P 161,17 **Hirtentäschel:** Pflanze, die zu den Kreuzblütengewächsen zählt.

R 156,18 | P 162,18 **Lurchen:** Lurch: Landwirbeltier, das sich nur in Gewässern fortpflanzen kann.

R 156,24 | P 162,23 **Steinzeit:** älteste Epoche der Menschheitsgeschichte, begann vor 2,6 Millionen Jahren; Kennzeichen sind Steingeräte.

R 157,29 | P 163,27 **Erdung:** Ableitung elektrischer Ströme in die Erde, um Stromstöße zu verhindern.

R 160,5 | P 165,29 **Jugendweihe:** eine festliche Initiation, Feier des Übergangs von der Jugend- ins Erwachsenenalter, wurde in der DDR verwendet als Ersatz für kirchliche Feste wie die Konfirmation.

R 162,23 | P 168,15 **Investor:** Geld-/Kapitalanleger.

R 163,15 | P 169,5 **Schmeling-Hauses:** Villa des Boxers Max Schmeling in der Moorstr. 10 in Bad Saarow am Scharmützelsee, wo er von 1930–38 mit seiner Frau lebte.

R 163,26 | P 169,16 **Rückübertragung:** Waren, Häuser, Grundstücke, die zu Unrecht übertragen worden waren, müssen an die ursprünglichen Eigentümer zurückgegeben werden.

R 164,16 | P 170,14 **Meißner:** Porzellan aus Meißen.

R 165,8 f. | P 171,14 f. **Schimmelpilzbildung:** entsteht in Gebäuden/Zimmern durch Feuchtigkeit und mangelnde Lüftung, ist gesundheitsschädigend und zerstört Bauteile wie Fensterrahmen aus Holz.

R 166,3 | P 172,4 **Ausgleichszahlung:** Entschädigung, Ablösesumme.

R 166,4 | P 172,5 **Nutzungsrecht:** ein Recht, das die Benutzung einer Sache ermöglicht.

R 166,5 | P 172,6 **BGB:** Bürgerliches Gesetzbuch.

R 166,5 f. | P 172,6 f. **Anspruchsgrundlage:** Der Eigentümer kann von einem nichtberechtigten Besitzer die Herausgabe der Sache verlangen.

R 166,9 | P 172,10 **Zahlungsgrund:** Ursache/Zweck einer Zahlung.

R 166,10 f. | P 172,11 **Restitutionsansprüche:** der Anspruch eines früheren Eigentümers auf Rückübertragung von Vermögenswerten, die ihm zustehen.

R 166,11 f. | P 172,12 f. **Zurückbehaltungsrecht:** Die Erfüllung von Ansprüchen einer Vertragspartei kann so lange zurückgestellt werden, bis diese ihrerseits ihren vertraglichen Verpflichtungen nachkommt.

R 166,13 f. | P 172,14 **Widerklägers:** Widerkläger: Beklagter in einem Rechtsstreit, der seinerseits Klage gegen den Kläger erhebt; Voraussetzung für eine Widerklage ist, dass bereits eine Hauptklage erhoben worden ist.

R 166,14 | P 172,15 **Bereicherungsrecht:** dient dem Zweck, eine Vermögensverschiebung, die ohne Rechtsgrundlage erfolgt ist, rückgängig zu machen.

R 166,18 | P 172,18 f. **Güteverhandlung:** gütliche Einigung zweier Parteien in einem Rechtsstreit.

R 166,18 | P 172,19 **Grundbuchbeziehung:** zusammenhängender Grundbesitz, der eine selbständige wirtschaftliche Einheit bildet.

R 166,20 | P 172,20 **Grundschuld:** Die Belastung eines Grundstücks wird ins Grundbuch eingetragen. Das Grundstück dient der Bank zur Sicherheit.

R 166,21 | P 172,21 **Vergleich:** ein gegenseitiger Vertrag, durch den ein Rechtsstreit beigelegt wird. Er kommt durch gegenseitiges Nachgeben zustande.

R 167,23 | P 173,29 **vom Schwamm befallen:** Pilzbefall.

R 168,13 f. | P 174,19 **Halbierung der ostdeutschen Konten:** Ab dem 1. Juli 1990 trat die Währungsunion in Kraft. Die D-Mark wurde das alleinige Zahlungsmittel in der früheren DDR. Ein bestimmter Betrag des Bargeldes und der Spareinlagen konnte 1:1 umgetauscht werden; der Rest wurde halbiert.

R 168,23 | P 174,29 **Harpune:** Wurfspieß oder Speer mit einem Widerhaken für die Jagd nach Fischen und Walen.

R 169,22 | P 175,26 **Regendrainage:** dient der Ableitung von Regenwasser.

R 169,28 | P 176,1 **Rechthängigkeitszinsen:** Rechtshängigkeit ist in einem Zivilprozess der Zeitpunkt der Zustellung einer Klage beim Beklagten. Von diesem Zeitpunkt an muss der Schuldner eine Geldschuld verzinsen.

R 174,20 f. | P 180,16 **Germania Projekt:** ein Bauplan für die

Reichshauptstadt, die in der NS-Zeit zum Mittelpunkt eines großgermanischen Weltreichs umgestaltet werden sollte.

R 176,20 | P 182,12 **Senkgrube:** eine Klärgrube, die jedoch nur Wasser aus der Toilette reinigt.

R 179,1 | P 184,20 **Einäscherung:** Verbrennung der Körper von Verstorbenen zu Asche in einem Krematorium.

R 179,8 f. | P 184,27 f. **Das Fegen:** diente bei den Azteken nicht der Reinigung von Flächen, sondern war eine rituelle, kultische Handlung. Es ging um eine Interaktion mit einer Gottheit, um ihr gegenüber Demut zu bekunden.

R 179,9 | P 184,28 **Azteken:** mittelamerikanische Hochkultur im Gebiet des heutigen Mexiko, existierte zwischen dem 14. und 16. Jahrhundert.

R 180,3 | P 185,20 **Rechtsmacht:** Wird dem Einzelnen zur Durchsetzung seiner Interessen verliehen, z. B. hier das Recht auf Eigentum, Schlüsselgewalt.

R 180,3 | P 185,20 **Anlagenkonvolut:** Bündel von Schriftstücken, Dokumenten.

R 181,10 | P 186,10 **Chargen:** anfallendes Baumaterial (Bauschutt, Abfallgemische) wird nach bestimmten Eigenschaften sortiert, getrennt und entsorgt.

R 181,11 | P 186,11 **Emissionen:** Teilchen, Stoffe, Strahlungen, die in die Atmosphäre freigesetzt werden und umwelt-/gesundheitsschädigend sind.

R 181,15 | P 186,15 f. **mineralischen Ursprungs:** anorganischen, nichtmetallischen Ursprungs.

R 181,26 | P 187,4 **Polier:** Berufsbezeichnung, Leiter der Mitarbeiter auf einer Baustelle.

R 182,4 | P 187,11 **Hydraulikbagger:** eine Baumaschine, bei der die Kraftübertragung hydraulisch erfolgt, d. h. auf Öl in Leitungen wird Druck ausgeübt, der auf Kolben eines Zylinders übertragen wird. Dient der Aushebung oder Füllung von Baugruben.

R 182,8 | P 187,15 **Sortiergreiferaufsatzes:** Anbaugerät eines Baggers, das dazu dient, Bauelemente von einem Gebäude abzureißen.

R 182,14 | P 187,20 **Löffelaufsatz:** Anbaugerät eines Baggers, das der Lösung, dem Transport und dem Abschütten von Erde, Schutt, Baumaterialien dient.

R 182,25 | P 187,31 **Kubikmetern:** Kubikmeter: Meter hoch 3; in Kubikmeter entspricht dem Volumen eines Würfels mit 1 Meter Kantenlänge.

R 183,2 | P 188,7 f. **Sattelschlepper:** eine Zugmaschine.

R 183,7 | P 188,12 **Tonnage:** Rauminhalt eines Schiffes.

10. Prüfungsaufgaben mit Lösungshinweisen

Aufgabe 1: Charakterisierung des Architekten

Arbeitsauftrag: Beschreiben Sie die Figur des Architekten, ihr Verhalten, ihr Berufsverständnis und was das Haus für sie bedeutet. Ordnen Sie die Figur in den historischen Kontext ein.

Lösungshinweise

Allgemeine Anforderungen

Für die Bearbeitung dieser Aufgabe muss das Verhalten des Architekten in Bezug auf seine Karriere im Nationalsozialismus und gegenüber dem jüdischen Tuchfabrikanten bewertet und in Verbindung mit seiner Weltanschauung gebracht werden. Die Einordnung der Figur in den historischen Kontext fordert den Einbezug von Wissen über den Nationalsozialismus und seine Vernichtungspolitik gegenüber Juden in die Analyse. Die Bedeutung, die Beruf und Haus für den Architekten haben, sind anhand seiner Selbstaussagen im Text zu identifizieren.

Inhaltliche Aspekte

Der Architekt hat in der NS-Zeit Karriere gemacht und war Mitarbeiter von Albert Speer. Für seinen beruflichen Ehrgeiz hat er seine jüdische Urgroßmutter verleugnet. Den Kauf des Grundstücks seines jüdischen

Nachbarn zur Hälfte seines Wertes (R 41 | P 43) rechtfertigt er damit, dass dieser mit dem Erlös seine Ausreise finanzieren könne, wohl wissend, dass es um das Überleben der jüdischen Familie geht. Weltanschaulich steht er dem Nationalsozialismus nahe und stellt deren Ideologie und Vernichtungspolitik gegenüber Juden nicht infrage.

Für den Architekten ist sein Beruf sein Leben. Mit dem Bau des Hauses am See schafft er sich und seiner Verlobten ein Zuhause und eine Heimat. Seine Identifikation mit dem Haus ist so groß, dass er es zu einem Körper personifiziert und als seine dritte Haut empfindet (R 35 | P 38). Entsprechend schwer fällt ihm der Abschied.

Aufgabe 2: Analyse eines Textauszugs (R 127 f. | P 132 f.)

Arbeitsauftrag: Analysieren Sie den folgenden Textauszug aus dem Kapitel »Die Besucherin« unter folgenden Aspekten: Erzählperspektive, räumlich-zeitlicher Standort der Figur, Erzählverfahren.

»Schwimmen kann sie hier wie zu Hause, und das Schwimmen ist leicht geblieben […]. Abends, wenn sie ihren grauen Haarknoten auflöst, bevor sie zu Bett geht, sind die Haare noch feucht. Als sie jung war, hat sie die masurischen Seen im Sommer durchschwommen […]. Bis heute sind ihre Schienbeine blau und violett von den Schnürstiefeln, die zum Eislaufen immer besonders fest geschnürt werden mußten [...]. Ihr Mann hat auch im Winter geangelt, er war immer einer der ersten auf dem Eis, wenn es noch brüchig war, eine kleine schwarze Gestalt, die in der Dämmerung hockte, ohne eine Bewegung.« (R 127 f. | P 132 f.)

Lösungshinweise

Allgemeine Anforderungen

Erzähltheoretisches Wissen ist erforderlich, um die Erzählperspektive, den räumlich-zeitlichen Standort der Figur und das Erzählverfahren aus dem Text abzuleiten und das Erzählverfahren des nicht-chronologischen und fragmentarischen Erzählens erkennen und beschreiben zu können.

Inhaltliche Aspekte

Die Perspektive liegt bei der Figur, erkennbar am Personalpronomen »sie« und dem Präsens. Das Lokaladverb »hier« und die Temporaladverbien »heute«, »jetzt« zeigen an, dass sich die Figur zum Zeitpunkt des Erinnerns im Haus befindet und auf ihr früheres Leben zurückblickt. Ihre Gedanken wechseln zwischen der Rückblende in die Vergangenheit und der Gegenwart, markiert durch den Wechsel des Tempus von Präsens (»kann«) und Imperfekt (»war«).

Text	Analyse
Schwimmen kann sie hier wie zu Hause […] noch feucht.	Perspektive der Figur räumlich-zeitlicher Standort: Haus und Gegenwart
Als sie jung war, hat sie die […]	Rückblende in die Vergangenheit
Bis heute sind ihre Schienbeine […]	Gegenwart
Ihr Mann hat auch im Winter geangelt	Rückblende

Das Geschehen wird nicht in seiner zeitlichen Abfolge dargestellt, sondern durch Rückblenden umgestellt. Auch liegt kein kontinuierliches Erzählen vor, sondern ein fragmentarisches Erzählen, bei dem nur Bruchstücke aus dem Leben der Besucherin mitgeteilt werden.

Aufgabe 3: Bestimmung der Funktion des Hauses

Arbeitsauftrag: Arbeiten Sie die Bedeutung des Hauses und des Seegrundstücks für seine Bewohnerinnen und Bewohner (Architekt, seine Frau, die jüdische Familie, Enkelin) heraus und deren Funktion im Gesamtaufbau des Romans.

Lösungshinweise

Allgemeine Anforderungen

Um die Bedeutung von Haus und Grundstück für seine Bewohner zu erschließen, müssen Heimatkonzepte einbezogen und im Hinblick auf einzelne Figuren differenziert werden. Für die Funktionsbestimmung innerhalb des Romans sind der Gesamtaufbau des Romans und die räumliche Bewegung der Figuren von Kommen, Bleiben und Gehen sowie die historischen Umstände, die zum Verlassen von Haus und Grundstück führen, einzubeziehen.

Inhaltliche Aspekte

Heimat hat unterschiedliche Bedeutungen für die Figuren. Für den Architekten und die Enkelin ist das Haus Heimat und Ort ihrer Identität, für die Frau des Architekten Heim und Gehege, das Sicherheit verspricht, für die jüdische Familie steht das Seegrundstück für glückliche Tage und eine intakte Welt voller Geborgenheit, für Ludwig ist es die alte Heimat und für das Mädchen ein Sehnsuchtsort.

Das Haus als ein raum-zeitliches Gefüge bildet einen zentralen Chronotopos des Romans, hier treffen die Lebensschicksale von Figuren zusammen und wechseln die Bewohner des Hauses entsprechend den veränderten historischen, politischen Gegebenheiten. Bedingt durch die Geschichte des 20. Jahrhunderts verlieren sie den Ort, der für sie Heimat ist/war und mit dem sie sich körperlich identifizieren (Architekt, Enkelin der Schriftstellerin). Der Ort wird zu einem Schnittpunkt von individueller und allgemeiner Geschichte (Nationalsozialismus, Zweiter Weltkrieg, DDR, Wiedervereinigung).

11. Literaturhinweise/Medienempfehlungen

Ausgaben

Jenny Erpenbeck: *Heimsuchung. Roman.* Ditzingen: Reclam Verlag, 2024.

Jenny Erpenbeck: *Heimsuchung. Roman.* München: Penguin Verlag, ³2018.

Erläuterungen

Dickow, Sonja: Konfigurationen des (Zu-)Hauses. Diaspora-Narrative und Transnationalität in jüdischen Literaturen der Gegenwart. Berlin: J.B. Metzler, 2019. [Eine sorgfältige Analyse, die das Thema Verlust von Zuhause und Heimat akzentuiert und den Begriff des Chronotopos überzeugend als eine Analysekategorie einsetzt.]

Probst, Inga: Auf märkischem Sand gebaut. Jenny Erpenbecks *Heimsuchung* zwischen verorteter und verkörperter Erinnerung. In: Geschlechtergedächtnisse. Gender-Konstellationen und Erinnerungsmuster in Literatur und Film der Gegenwart. Hrsg. von Ilse Nagelschmidt, Inga Probst und Torsten Erdbrügger. Berlin: Frank & Timme, 2010. S. 67–88. [In verständlicher Form werden Teilaspekte des Romans bearbeitet wie die Gattungsfrage, Schreibstrategien, Erinnerungsorte und der Zusammenhang von Geschlecht, Körper und Gedächtnis.]

Schuchmann, Kathrin: »Die Zeit scheint ihr zur Verfügung zu stehen wie ein Haus« – Heimat und Erinnerung in Jenny Erpenbecks *Heimsuchung*. In: Zagreber Germanistische Beiträge 22 (2013) H. 1. S. 53–69. [Ein fundierter Beitrag zum Komplex von Heimat und Erinnerung mit überzeugenden und am Text belegten Interpretationsthesen.]

Theater

Eine Bühnenfassung des Romans; UA am 16. April 2010, Regie Anja Gronau in der Bühne am Park in Gera. Die Kritik warf dem Stück vor, dass die Handlung nicht nachvollziehbar sei und es daher unverständlich bliebe.

Hörspiel

Kann man Heimat bauen?: »Heimsuchung«, ein zweiteiliges Hörspiel nach dem Roman *Heimsuchung* des Bayrischen Rundfunks, gesendet am 23. 8. 2019.

Hörbuch

Heimsuchung. Audio CD, der Hörverlag 2016, gesprochen von Jenny Erpenbeck, ungekürzte Ausgabe, Sprechdauer: 5 Stunden und 16 Minuten.

12. Zentrale Begriffe und Definitionen

Analepse: Rückblick auf Ereignisse, die vor dem gegenwärtigen Zeitpunkt des Erzählens/Erinnerns geschehen sind.

➤ S. 31

Chronotopos: Die Wechselbeziehung von Raum (griech. *tópos*) und Zeit (griech. *chrónos*) in der Literatur, z. B. wenn der Raum durch Zeitlichkeit (Geschichte, Erinnerung) geprägt ist und die Zeit räumlich wird (Vergangenheit im Haus).

➤ S. 40 f., 75, 129

Deiktische Ausdrücke: zeitliche und räumliche Zeigegesten (gr. deiknynai ›zeigen‹; deiktisch: hinweisend), wie z. B.: jetzt, hier, da dort. Ihre Bedeutung ist abhängig vom Sprecher und seinem zeitlich-räumlichen Standort.

➤ S. 39, 42

Holocaust: (engl., von altgriech. *holókaustos* ›vollständig verbrannt‹). Bezeichnet den Völkermord an Millionen Juden während der Zeit des Nationalsozialismus.

➤ S. 45 f., 67, 82, 101–104

Nürnberger Gesetze: erlassen am 15. September 1935, umfassen das Reichsbürgergesetz und das Gesetz zum Schutze des deutschen Blutes und der deutschen Ehre. Für politische Rechte und berufliche Beschäftigung musste der Nachweis der ›arischen Abstammung‹ erbracht werden. Diskriminierung und Verfolgung jüdischer Mitbürger erhielten damit eine juristische Grundlage.

➤ S. 11, 109

Ode: eine griechische Gedichtform ohne Endreim und eine lange Form des Gedichts. Bei Hölderlin handelt es sich um eine alkäische Ode: Die ersten beiden Verse sind gleich lang und haben eine Zäsur in der Mitte, darauf folgen zwei kürzere Verse mit neun und zehn Silben ohne Zäsur.

➤ S. 71

Paratext: (gr. *pará* ›neben‹; lat. *textus* ›Gewebe‹) Texte oder Textelemente, die dem eigentlichen Text hinzugefügt sind. Sie umfassen werkinterne Texte, Peritexte, wie Widmungen, Zitate, Kapitelüberschriften, Gattungsbezeichnungen, und werkexterne Epitexte wie Interviews der Autorin.

➤ S. 28

Personifikation: einen unbelebten Gegenstand verlebendigen.

➤ S. 60, 103, 126

Prolepse: Vorausschau, Vorwegnahme künftiger Geschehnisse. Beim Erzähler betrifft die Vorausschau Ereignisse, die tatsächlich stattfinden werden. Bei einer Figur drückt sie Hoffnungen, Wünsche oder Ängste in Bezug auf die Zukunft aus.

➤ S. 31

Reclam Kompaktwissen XL

Die perfekte Vorbereitung auf das Abitur!

Für Eilige: auch als ebook

Yomb May:
Abiturwissen Deutsch
ISBN 978-3-15-015237-9

Alles, was man wissen muss:

- Sprache und Kommunikation
- Literarische Gattungen
- Deutsche Literaturgeschichte
- Rhetorik und Stilistik
- Filmanalyse

\+ Wiederholungskurs Grammatik und Rechtschreibung

Reclam

www.reclam.de

Reclam Kompaktwissen XL

Die perfekte Vorbereitung auf das Abitur!

Für Eilige: auch als ebook

Yomb May
Umbrüche in der deutschsprachigen Literatur um 1900

ISBN 978-3-15-015247-8

Alles, was man wissen muss:

- Die literarischen Strömungen um 1900 vom Naturalismus bis zum Expressionismus
- Leitgedanken und literarische Programme
- Zeitgeschichtliche Hintergründe
- Formen und Gattungen, Themen und Motive
- Textbeispiele mit Kurzkommentar
- Checklisten mit den zentralen Begriffen

Reclam

www.reclam.de